■ 구역 출석부 ■

(1월~6월)

번호	이름 \ 월일 \ 주	1	2	3	4	5	6	7	8	9	10	11	12
1													
2													
3													
4													
5													
6													
7													
8													
9													
10													
11													
12													
13													
14													
15													
16													
17													
18													
19													
20													
21													
22													
23													
24													
25													
통계란	출석												
	결석												
	헌금												

(개인계)

13	14	15	16	17	18	19	20	21	22	23	24	25	26	출석	결석	헌금

★27주부터는 책 뒷부분에 있음

■ 구역원 명부 ■　　　　　　　　　　　(　　　구)

번 호	성　　명	생년월일	나 이	직　업	식구수	전화·기타
1						
2						
3						
4						
5						
6						
7						
8						
9						
10						
11						
12						
13						
14						
15						
16						
17						
18						
19						
20						
21						
22						
23						
24						
25						

구역예배 · 속회용

구역예배서 36

박종순·김창근·옥성석·박노훈·김병삼·박진석 목사

한국문서선교회

머리말

한국 교회가 겪고 있는 내외풍이 거셉니다. 성장둔화, 후진성장, 정체성동요, 위상하락과 타 종교의 도전, 이단 사이비의 공세.

그뿐입니까? 세속화 물량주의까지 가세해 공세를 펴고 있습니다. 어느 시대나 위기와 도전이 있었습니다.

그러나 교회는 막아냈고 승리했습니다. 교회는 예수 그리스도가 주 되신 거룩한 공동체이기 때문입니다. 그래서 그 어떤 세력도 교회를 파괴하거나 잔멸할 수 없습니다.

문제는 교회가 바른 자세를 지키는 것입니다. 바른 신학, 바른 신앙, 바른 삶이 트라이앵글이 되어야 합니다. 매해 펴내는 이 구역예배서가 안내서가 됐으면 하는 바람입니다.

한국 교회의 건강성 회복을 바라는 필자들이 동참했습니다. 감사드립니다. 그리고 책을 펴내는 한국문서선교회 가족들 수고하셨습니다. 감사합니다.

집필자를 대표하여 **박 종 순 목사**

✌ 일러두기

1. 구역장(속장)이나 권찰 등 인도자는 책 앞 부분에 수록한 '구역예배 인도지침'을 잘 읽고 그대로 시행하면, 구역 운영에 큰 도움이 될 것이다.
2. 이 「구역예배서」는 매주마다 순서대로 활용할 수 있도록 편집했으나, 구역 형편에 따라 적당한 설교문을 활용하면 된다.
3. 인도자는 성경 본문과 주제를 읽고 내용을 완전히 파악한 후에 말씀을 증거해야 한다.
4. 성경은 개역개정판을, 찬송은 21세기 새찬송가를 사용했으며, ( ) 안에 통일찬송가를 표기해 두었다. 주제에 맞춰 선곡한 것이나 구역예배를 드리는 가정에서 원하는 곡을 부르는 것도 은혜로울 것이다.
5. 외울요절은 한 번 복창해 보고 외워 볼 수 있는 시간을 주는 배려도 좋을 것이다.
6. 기도는 본문 주제에 맞춘 간단한 기도문으로, 구역원의 가정과 교회, 예배드리는 가정을 위해 기도하는 것을 항상 잊어서는 안 된다.
7. 학습문제의 답은 그날 공부한 것을 복습하는 것이므로 주제에서 어긋나지 않는 한 여러 답안이 제시될 수 있다.
8. 중보기도는 한 주간 동안의 기도제목으로 정하여도 좋을 것이며, 특별한 개인의 기도제목을 첨가해도 좋을 것이다.
9. 만남의 준비는 다음 구역예배를 은혜스럽게 하기 위한 준비과제이므로 반드시 성경말씀을 미리 알려주어 읽고 묵상하도록 한다.

✌ 구역예배 인도지침

이「구역예배서」를 사용하면서 예배를 인도하는 데 있어 다음 사항을 잘 참고하면 크게 도움이 될 것이다.

1. 구역예배의 준비

"교회 부흥은 구역의 부흥에서부터"란 말이 있다. 그러므로 구역의 책임을 맡은 구역장이나 권찰들은 구역 목회자와 같은 소명감으로 구역을 잘 관리하고 돌보아야 한다.

구역 운영에서 중요한 것이 구역예배인데, 예배를 인도하는 자는 다음의 몇 가지를 특히 유의해서 준비함으로써 예배가 은혜스럽도록 해야 한다.

(1) 장소

구역예배는 구역원의 가정을 돌아가면서 드리는 것이 상례이나 부득이 사양하는 가정이 있으면 강요하지는 말아야 한다. 장소의 결정은 적어도 1주일 전에 동의를 얻어 정하고, 예배 2~3일 전에 반드시 확인해야 한다.

(2) 시간

주님이 고난당하신 날인 성금요일에 대개 모이고 있다. 특히 금요일은 삼일 기도회와 주일의 중간이므로 적당하나, 모이는 가정의 사정에 따라 다른 날에 모여도 무방하다. 시간은 편리한 시간을 정해서 하되 식사 시간은 피하는 것이 좋으며, 특히 농촌이나 직장인을 중심으로 하는 구역에선 일과가 끝난 저녁 시간에 모이는 것도 좋다.

(3) 말씀 준비

구역예배에 있어서도 다른 예배와 마찬가지로 말씀 증거가 중심이 된다. 그러므로 인도자는 기도로 준비하고, 본문 말씀을 잘 파악해서 증거해야 한다.

그리고 공과(설교집)를 완전히 마스터해서 자기의 설교로 소화를 한 다음에 전해야 은혜가 된다. 이때 특별히 유의할 점은 구역원의 사정을 잘 살펴서 한 사람이라도 상처를 입거나 시험이 들 이야기는 삼가야 한다.

2. 예배의 진행 및 순서

(1) 묵도 : 개회시에 조용히 머리숙여 마음을 가다듬을 때 사회자가 성경을 1~2절 봉독하는 것이 은혜스럽다. 대개 시편에서 찾아 읽는 것이 좋으나 그 가정의 특별한 상황이나 혹은 설교 내용과 부합되는 구절을 찾아 읽는 것도 좋다.

사도신경으로 신앙을 고백함으로써 예배를 시작하는 것도 좋다.

(2) 찬송 : 주제에 맞추어 2곡씩 실었다. 그러나 그 가정에서 원하는 찬송을 부르는 것도 좋다. 예배의 분위기에 따라 많이 부를 수도 있다.   * 21세기 새찬송가 / ( ) 안은 통일찬송가이다.

(3) 기도 : 구역원 중에서 간단명료하게 하는 것이 좋다.

(4) 성경봉독 : 성경본문을 서로 윤독하는 것이 좋으나, 본문이 짧은 경우는 사회자와 교우가 교독하는 것도 좋다.

(5) 설교 : 본 설교집을 바탕삼아 충분히 준비해서 하되, 시간은 10분 정도가 적당하다고 본다.

(6) 학습문제 : 설교의 매 편마다 학습문제를 제시했다. 인도자는 질문을 해서 구역원들이 답을 하도록 유도하는 것이 좋다.

(7) **기도** : 설교자가 한다. 증거한 말씀이 삶에 적용되기를 위하여, 구역원들의 신앙과 가정을 위하여, 그 모인 가정을 위하여 할 것이다. 교회와 나라를 위하여 기도하는 것도 좋다. 특히 구역 내의 환자나 어려움을 당한 가정이 있을 경우 그를 위해 기도하는 것을 잊지 말아야 한다.

(8) **헌금** : 교회 방침에 따라 한다.

(9) **보고** : 출석 확인, 회계 보고 등을 한다. 애경사나 구역원의 협조를 요하는 일이 있으면 광고한다.

(10) **찬송** : 폐회 찬송은 설교에 맞추어 힘차고 기쁜 찬송을 택할 것이다.

(11) **폐회** : 주기도로 폐회한다. 목사님을 모셨을 경우는 축도로 폐회하는 것도 좋다.

3. 친교

구역예배는 구역원간의 교제를 통해서 결속을 돈독히 하는 데에도 큰 목적이 있다. 그러므로 예배를 마치고 간단한 다과를 나누며 성도의 교제 시간을 갖는 것도 유익하다(대부분의 구역이 이를 시행하고 있다).

여기에서 주의할 것은 그 가정에 너무 큰 부담을 주어서는 안 된다. 가정 형편이 어려운 집은 모이기를 기피하고 이로 인해 시험당할 수도 있기 때문에 간단하게 하도록 지도할 것이다. 구역 형편에 따라 이를 폐지해도 무방하다.

또 하나는 대화의 내용들이다. 모든 대화는 믿음 안에서 할 것이며, 신앙생활에 부덕한 화제는 피해야 한다. 남의 흉을 보거나 상처를 주는 말은 하지 말아야 한다.

차 례

박종순 목사 편

1월 희망찬 새해를 열어가는 달
 1. 위대한 선택 (신 30:15~20) / **15**
 2. 맡긴 사람들 (잠 16:1~9) / **19**
 3. 다른 평안 (요 14:25~31) / **23**
 4. 문제 해법 (행 27:20~26) / **27**

2월 주님만 의지하는 믿음의 달
 5. 주의 지팡이 (미 7:14~15) / **31**
 6. 넉넉히 이기는 사람들 (롬 8:31~39) / **35**
 7. 하나님의 말씀으로 (살전 2:11~13) / **39**
 8. 세우는 사람들 (마 7:24~29) / **43**

김창근 목사 편

3월 선한 청지기의 달
 9. 진실한 청지기 (눅 12:41~48) / **47**
10. 내가 본을 보였노라 (요 13:12~17) / **51**
11. 하나님의 일꾼 (행 6:1~7) / **55**
12. 열심으로 선을 행하라 (벧전 3:13~22) / **59**
13. 하나님이 기뻐하시는 사람 (삼하 7:1~9) / **63**

4월 십자가와 부활소망의 달
14. 십자가와 완전한 자유 (엡 1:3~7) / **67**
15. 십자가와 완전한 용서 (요일 1:8~10) / **71**
16. 십자가와 완전한 평안 (요 14:26~27) / **75**
17. 십자가와 완전한 승리 (골 2:14~15) / **79**

옥성석 목사 편

5월 사랑으로 하나 되는 가정의 달
  18. 마리아, 이렇게 자녀를 교육했다 (요 2:1~11) / **83**
  19. 아버지, 제가 '눈의 아들'입니다 (수 19:49~51) / **87**
  20. 예수님은 불효자이셨나? (요 9:13~22) / **91**
  21. 예수님의 시간 배분 (요 2:1~5) / **95**
  22. 솔로몬의 참회록 (전 11:1~8) / **99**

6월 성령충만으로 열매맺는 달
  23. '성령세례'를 받았는가? (요 1:35~43) / **103**
  24. 성령을 거두지 마소서 (시 51:1~11) / **107**
  25. 그들에게 숨을 내쉬다 (요 20:19~23) / **111**
  26. 생수의 강 (요 7:37~39) / **115**

박노훈 목사 편

7월 무릎으로 승리하는 달
  27. 오늘의 양식 (마 6:9~11) / **119**
  28. 초월과 추월 (행 7:55~60) / **123**
  29. 위대한 기도 (삼상 1:1~13) / **127**
  30. 태양아 멈추어라 (수 10:12~14) / **131**

8월 작은 예수로 세상을 섬기는 달
  31. 주가 쓰시겠다 하라 (마 21:1~9) / **135**
  32. 부자가 지옥에 간 이유 (눅 16:19~26) / **139**
  33. 교회의 선교적 사명 (막 2:1~12) / **143**
  34. 남자는 어디 있느냐? (요 8:1~11) / **147**
  35. 예수께서 오실 때에 (마 25:31~36) / **151**

김병삼 목사편

9월 제자의 삶을 배우는 영성훈련의 달
  36. 신앙의 성숙은 훈련이 필요합니다 (고전 3:1~4) / **155**
  37. 다 이해할 수 없을지라도 (고전 3:5~9) / **159**
  38. 하나님의 지혜로 살아가십시오 (고전 3:16~23) / **163**
  39. 우리의 정체성은 예수 그리스도입니다 (고전 4:9~17) / **167**

10월 복음의 지평을 넓히는 선교의 달
  40. 선교, 보내심을 받다 (요 20:19~23) / **171**
  41. 모두가 선교사입니다 (눅 19:1~10) / **175**
  42. 선교는 하나님의 마음으로 (욘 4:9~11) / **179**
  43. 선교 사역과 선교적 삶 (마 5:13~16) / **183**

박진석 목사편

11월 하나님께 감사, 이웃에게 감사하는 달
  44. 하나님께 감사합시다 (롬 7:12~25) / **187**
  45. 영혼의 감사 (눅 12:13~21) / **191**
  46. 감사의 회복 (눅 17:11~19) / **195**
  47. 절대 감사 (골 3:15~17) / **199**
  48. 마땅한 감사 (살후 2:13~17) / **203**

12월 기쁜 성탄과 송구영신의 달
  49. 은혜의 빛으로 오신 예수님 (요 1:4~14) / **207**
  50. 가장 귀한 선물 (마 1:18~23) / **211**
  51. 임마누엘 (마 1:18~25) / **215**
  52. 주의 일에 더욱 힘쓰는 자 되라! (고전 15:50~58) / **219**

1. 위대한 선택

> 성경 : 신명기 30:15~20 (외울요절 20절)
> 찬송 : 314, 449(511, 377)장
> 주제 : 살기 위하여 하나님을 사랑하고, 말씀을 청종하고, 주를 의지하는 것은 위대한 선택이다.

 본문은 살기 위하여 하나님 신앙을 택하라 즉 하나님을 떠나지 말라, 하나님을 멀리하지 말라, 하나님을 외면하지 말라고 말씀합니다(신 30:19). 여기서 말하는 '살기 위하여'라는 말씀의 뜻은 잘 먹고 잘 입고 잘 사는 것만을 의미하는 것이 아닙니다. 내 영이 죽지 않고, 영원히 사는 것을 뜻합니다.
 "살기 위하여 생명을 택하라!" 내가 할 일은 선택하고 결단하는 일입니다. 그 후에 복 주시고 은혜 주시는 일은 하나님이 하십니다.
 사는 길, 생명의 길을 택한 사람이 할 일을 본문 20절이 밝힙니다.

1. "하나님 여호와를 사랑하고"

 최고의 사랑을 아가페라고 합니다. 이는 희생, 섬김, 나눔을 실천하는 것이며 아무런 조건 없이 베푸는 사랑을 의미합니다. 하나님은 그 사랑으로 우리를 사랑하셨습니다(요 3:16). 그리고 그 사랑으로 하나님을 사랑하라고 말씀하십니다.

하나님을 사랑하면 잃었던 영혼의 기쁨이 회복됩니다. 사라진 감사와 감격이 되살아납니다. 얼굴이 밝아지고 언어가 순해지고 몸짓이 편안해집니다. 그리고 그 사랑이 부부를 살리고 가정을 살리고 교회를 살리고 이 나라를 살립니다.

2. "그의 말씀을 청종하고"

청종한다는 말의 뜻은 제대로 듣고 따른다는 것입니다. 그리고 밀착한다는 뜻도 있습니다. 하나님의 말씀을 하나님의 말씀으로 듣는 것이 가장 바람직한 태도입니다. 나와는 상관없는 말씀, 옆 사람이나 들어야 할 말씀으로 듣는 것은 밀착이 아닙니다. 하나님의 말씀을 가까이 밀착해서 듣고 순종하는 것이 바람직한 청종입니다.

설교는 하나님 말씀의 재해석이며 선포입니다. 설교를 바로 듣는 기준이 있습니다. 그것은 하나님의 말씀으로 듣는 것, 나에게 주시는 말씀으로 듣는 것, 그 말씀에 순종하는 것, 나의 삶에 적용하는 것입니다.

3. "그를 의지하라"

의지한다는 것은 전폭적으로 믿고 맡기는 것을 의미합니다.

현대 과학을 의지할 수 있습니다. 의학이나 약을 의지할 수도 있습니다. 권력이나 돈을 의지할 수도 있습니다. 사람을 의지할 수도 있고 자기 자신을 의지할 수도 있습니다. 그러나 그런 것들은 흔들리는 나뭇가지와 같아서 변하고 없어지고 무너집니다.

그렇기 때문에 하나님을 의지해야 합니다. 하나님은 흔들리지도 않으시고 변덕을 부리시지도 않고 무너지지도 않습니다(히 13:8).

환자는 의사를 의지합니다. 학생은 교사를 의지합니다. 그러나 우리 성도는 하나님을 의지합니다. 그 이유가 본문 20절에 나와 있습니다. "그는 네 생명이시요 네 장수이시니"라고 했습니다.

장수란 오래 사는 것을 말합니다. 현대 의학은 사람이 120세까지 살 수 있다고 말합니다. 지금 70세라면 앞으로 50년을 더 살게 된다는 것입니다. 그러나 장수하는 것 자체만으로는 축복이 아닙니다. 건강하고 먹고살 것 넉넉하고 걱정 근심 없이 120년을 사는 것이 장수의 축복입니다. 그런 축복을 누리는 것은 결코 쉽지 않습니다.

그런데 하나님을 의지하면 생명을 구원하시고 영원히 죽지 않는 영생을 선물로 주신다는 것입니다.

요한복음 11:25~26을 주목합시다. "예수께서 이르시되 나는 부활이요 생명이니 나를 믿는 자는 죽어도 살겠고 무릇 살아서 나를 믿는 자는 영원히 죽지 아니하리니 이것을 네가 믿느냐"라고 했습니다.

우리는 무엇이라고 대답해야 합니까? "주여 그렇습니다. 내가 믿습니다."라고 대답합시다. 살기 위하여 하나님을 사랑합시다. 살기 위해 말씀을 청종합시다. 살기 위해 하나님을 의지합시다.

"주는 나의 생명, 장수, 힘, 방패, 산성, 요새, 구원, 피할 바위, 나의 하나님!" 아멘

✱ 학습문제

(1) 하나님을 왜 사랑해야 합니까?
답 하나님이 우리를 먼저 사랑하셨기 때문입니다(요일 4:10~11).
(2) 주를 의지하는 자가 받을 선물은 무엇입니까?
답 생명을 구원하시고 영원히 죽지 않는 영생을 선물로 주십니다.

❋ 기도

  하나님 아버지, 우리를 사랑하셔서 구원과 영생을 주신 것을 기억하고, 하나님을 사랑하고 말씀에 순종하며, 주님만을 의지하며 살게 하소서. 예수님의 이름으로 기도합니다. 아멘

❋ 중보기도

  (1) 모든 성도들이 하나님을 사랑하고, 그 말씀을 청종하게 하소서.
  (2) 복음을 전하는 선교지마다 주를 의지하므로 풍성한 생명을 얻는 한 해가 되게 하옵소서.

❋ 만남의 준비

  잠언 16:1~9을 읽고 주님께 맡기는 인생이 되려면 어떠해야 하는지 생각해 봅시다.

✎ memo

2. 맡긴 사람들

> 성경 : 잠언 16:1~9 (외울요절 9절)
> 찬송 : 531, 549(321, 431)장
> 주제 : 무거운 짐을 주님께 맡기는 순간부터 나는 자유인이 되고, 걸음이 가벼워지고, 생각과 마음이 편해진다.

'믿음'이라는 낱말의 뜻은 여러 가지입니다. 그 가운데 우리 피부와 삶에 가장 가까이 닿는 뜻은 '믿고 맡긴다.', '신용하고 맡긴다.'입니다. 내가 누구에게 무엇을 맡기지 못하는 것은 신뢰할 수 없기 때문입니다.

'믿음'이 무엇입니까? 믿고 맡기는 것, 신용하고 맡기는 것, 신뢰하고 맡기는 것이 믿음입니다.

본문 3절은 "너의 행사를 여호와께 맡기라 그리하면 네가 경영하는 것이 이루어지리라"라고 했습니다. 여기서 말하는 행사란 내가 가진 것, 계획하는 것, 행동하는 모든 것으로써 '다 맡겨라. 빠트리지 말고 맡겨라. 낱낱이 맡겨라.'라는 뜻입니다.

1. 무엇을 맡겨야 합니까?

무거운 죄의 짐을 맡겨야 합니다. 주님은 "수고하고 무거운 짐 진 자들아 다 내게로 오라 내가 너희를 쉬게 하리라"(마 11:28)라고 했습니다.

　무거운 짐은 여러 가지입니다. 먹고사는 생활고의 짐, 사업의 짐, 회사의 짐, 가족을 부양해야 하는 책임의 짐, 자녀교육의 짐, 건강의 짐 등 다양합니다. 그러나 당장 벗어던지지 않으면 큰일 나는 짐이 있습니다. 그것은 죄의 짐입니다. 죄의 짐은 나를 파괴하고 가정을 파괴하고 크고 작은 공동체를 파괴합니다. 그래서 늦기 전에 해결해야 합니다. 모든 짐을 주님께 맡겨야 합니다.

　베드로전서 5:7을 보면 "너희 염려를 다 주께 맡기라 이는 그가 너희를 돌보심이라"라고 했습니다. 걱정, 근심, 염려가 쌓이면 우울증이 되고 정신 불안의 요인이 됩니다. 그런 것들을 주님께 맡겨 버리라는 것입니다.

　"주님 믿고 맡깁니다. 다 맡아 주십시오."

2. 맡긴 뒤에는 어떻게 해야 합니까?

　주님께 일단 믿고 맡겼으면 안심하고 다른 일을 열심히 해야 합니다. 맡겼다면서 불안해서 되짚고, 맡겼다면서 걱정하느라 다른 아무 일도 못한다면 어떻게 그것이 믿음이 될 수 있겠습니까?

　맡기면 어떻게 됩니까? 편안합니다. 안심됩니다. 안 맡기면 어떻게 됩니까? 불안합니다. 맡기면 내가 책임질 필요가 없습니다. 안 맡기면 내가 다 책임을 져야 합니다.

3. 본문이 주시는 결론이 있습니다

　"마음의 경영은 사람에게 있어도 말의 응답은 여호와께로부터 나오느니라"(잠 16:1). "너의 행사를 여호와께 맡기라 그리하면 네가 경영하는 것이 이루어지리라"(잠 16:3). "사람이 마음으로 자기의 길을 계획할지라도 그의 걸음을 인도하시는 이는 여호와시니라"(잠 16:9).

맡기면 하나님이 책임지시고 이룰 것은 이루어 주시고 막을 것은 막아 주시고 인도해 주신다는 것입니다. 그런데 우리는 연약한 믿음 때문에 맡겼다면서 걱정하고 염려를 반복합니다.

사는 것과 죽는 것 다 맡깁시다. 성공하는 것과 실패하는 것도 맡깁시다. 내 재산, 내 건강, 내 가정도 맡깁시다. 맡기지 않는 사람은 불안합니다. 평안이 없습니다.

왜 못 맡깁니까? '주님께 맡기면 주님이 맡은 것 다 챙기고 나는 빈손이 된다.'고 생각하기 때문입니다. '맡기지 않아도 내 능력과 내 지식과 내 경험으로 넉넉히 지키고 보존하고 갈무리할 수 있다.'고 믿기 때문입니다.

그러나 걱정하지 마십시오. 주님께 맡기는 순간부터 나는 자유인이 됩니다. 걸음이 가벼워집니다. 생각과 마음이 편해집니다.

우리에게는 맡길 분이 계십니다. 주님께서는 "맡기라. 내가 맡아 주겠다."라고 하셨습니다. '수고의 무거운 짐 내게로 가져오라. 내가 편히 쉬게 해 주겠다.'고 하셨습니다. '염려 말고 맡기라. 내가 돌보고 문제를 풀어 주겠다.'고 하셨습니다.

"주여 믿고 맡깁니다. 맡아 주시고 책임져 주옵소서." 아멘!

✽ 학습문제

(1) 주님께 맡겨야 할 것은 무엇입니까?(마 11:28)
🗒 걱정과 염려 등 무거운 짐들을 맡겨야 합니다.

(2) 주님께 맡길 때 주시는 은혜는 무엇입니까?(잠 16:3, 벧전 5:7)
🗒 주님께 맡기는 순간부터 자유인이 되고, 발걸음이 가벼워집니다. 주님이 돌보시기 때문입니다.

※ **기도**

　하나님 아버지, 무거운 짐을 주께 맡기고 더 이상 걱정이나 염려를 하지 않게 하옵소서. 믿고 맡기면 주님께서 책임져 주실 줄 믿습니다. 예수님의 이름으로 기도합니다. 아멘

※ **중보기도**

　(1) 걱정과 염려로 한숨짓는 이웃들이 주님을 믿고 모든 것을 맡기므로 돌보시는 은혜를 경험하게 하옵소서.

　(2) 무거운 짐을 안고 살아가는 이 땅의 청년들이 주님 안에서 참된 자유를 누리게 하옵소서.

※ **만남의 준비**

　요한복음 14:25~31을 읽고 주님이 주시는 평안은 어떤 것인지 생각해 봅시다.

✎ **memo**

3. 다른 평안

> 성경 : 요한복음 14:25~31(외울요절 27절)
> 찬송 : 408, 412(466, 469)장
> 주제 : 예수님을 만나고 그분이 주시는 평안을 소유하면 좋은 사람, 편한 사람, 필요한 사람이 된다.

평안은 고침받고 죄사함받고 구원받은 사람이 누리는 은혜입니다. 다시 말하면 축복이고 선물이라는 것입니다. 요한복음 14:27을 보면 예수님을 만난 사람들에게는 평안을 주신다고 했습니다.

1. 참 평안은 주님이 주십니다

유대인들은 만나면 "샬롬!"이라고 인사합니다. '샬롬'은 평안이라는 히브리말입니다. 애굽, 바벨론, 앗수르, 페르시아 등 강대국 틈새의 저들은 평안이 필요했습니다.

지금도 중동의 한복판에서 리비아, 레바논, 이라크, 이란, 사우디, 이집트, 시리아, 팔레스타인 등 회교국가에 에워싸여 평화가 그립고 평안이 필요합니다. 언제 전쟁이 터질는지 어디서 폭탄이 터질는지 하루하루가 긴장과 불안으로 엮이고 있습니다. 그래서 저들은 '샬롬'이라고 인사하고 있는 것입니다. 그러나 샬롬을 노래하고, 시로 읊고, 인사한다고 평안이 옵니까? 여기저기 써 붙인다고 평안이 옵니까?

어두운 과거를 가진 죄 많은 여인이 있었습니다. 늘 양심의 가책과 고통, 주변의 따가운 시선 때문에 편할 날이 없었습니다.

그러던 어느 날 예수님을 만났습니다. 예수님은 그녀에게 "네 믿음이 너를 구원하였으니 평안히 가라"(눅 7:50)라고 말씀하셨습니다.

본문 속에 있는 "내가 평안을 준다. 골고루 끼쳐 준다."라는 말씀을 주목하십시다. 평안의 샘 근원은 예수님입니다. 예수 안에 평안이 있고, 기쁨이 있고, 삶의 의미가 있습니다.

성경 어느 곳에도 '네가 평안을 만들라'는 말씀이 없습니다. "내가 평안을 준다. 내가 골고루 끼쳐 준다."라고 말씀하셨습니다.

2. 세상 평안과 다릅니다

글자는 같지만 세상에서 찾을 수 있는 평안과는 전혀 다르다는 것입니다. 젊어서, 인기가 있어서, 건강해서, 돈이 많아서, 권력을 가지고 있어서 평안하고 행복할 수 있습니다. 그러나 그것은 한 떨기 꽃송이에 불과합니다. 잠깐입니다.

베드로전서 1:24~25은 "모든 육체는 풀과 같고 그 모든 영광은 풀의 꽃과 같으니 풀은 마르고 꽃은 떨어지되 오직 주의 말씀은 세세토록 있도다"라고 말씀합니다.

세상 것은 오래 못 갑니다. 오직 예수 그리스도만 영원하십니다. 예수님만 세세토록 존재하십니다. 시들지도 않으시고, 늙지도 않으시고, 죽지도 않으시고, 변하지도 않습니다.

주님만 영원히, 영원히 그리고 또 영원히 살아계십니다.

세상이 줄 수 없는, 세상에서 찾을 수 없는, 세상에서 맛볼 수 없는 다른 평안을 주님이 주신다고 약속하셨습니다.

3. 두려워 말라

스데반 집사는 돌에 맞아 죽으면서 "주 예수여 내 영혼을 받으시옵소서"라고 큰 소리로 기도했습니다(행 7:59).

그 마음에 주님이 주신 평안이 있었기 때문입니다. 평안은 모든 것을 이기고 견디게 해줍니다.

인간은 양면성을 가지고 있습니다. 하나님의 형상대로 창조되었습니다. 그러나 흙으로 창조되었습니다. 하나님의 형상을 닮은 위대한 존재이지만 질그릇처럼 약하고 죄성을 가진 존재입니다. 영혼을 가진 존재이지만 육체적 존재입니다. 이성을 가진 존재이지만 감정의 지배를 받는 존재입니다. 거룩성을 가진 존재이지만 욕심, 탐욕, 정욕을 가진 존재입니다.

그러나 예수님을 만난 후 그분이 주시는 평안을 소유하면 좋은 사람, 편한 사람, 필요한 사람이 됩니다. 세상이 줄 수 없는 평안, 그 무엇과도 바꿀 수 없는 평안, 주님이 주시는 평안, 다른 평안, 그 평안 주심을 감사합시다. 버리지 맙시다. 마음속 깊이 간직합시다. 믿고 맡기면 내 안에 평안이 차고 넘치게 될 것입니다.

"주여! 평안을 주옵소서. 주님은 평안이십니다." 아멘

✽ 학습문제

(1) 어떻게 평안을 찾을 수 있습니까?(요 14:6, 27)

답 예수 안에 평안이 있기 때문에 그 예수님을 만나야 합니다.

(2) 질그릇과 같이 연약한 우리가 주님을 만나 평안을 소유하면 어떻게 변화됩니까?(행 7:59 참조)

답 좋은 사람, 편한 사람, 필요한 사람이 됩니다.

✽ 기도

평강의 하나님, 질그릇과 같이 연약한 나에게 평안을 주시는 주님을 의지합니다. 모든 사람들과 더불어 평화를 이루며 살게 하옵소서. 예수님의 이름으로 기도합니다. 아멘

✽ 중보기도

(1) 질병과 상처로 낙심하는 이웃들이 주님을 만나 평안을 얻게 하옵소서.

(2) 복음전파를 위해 수고하는 선교사님들이 샬롬을 선포하게 하옵소서.

✽ 만남의 준비

사도행전 27:20~26을 읽고 문제를 해결하는 방법에 대해 생각해 봅시다.

✎ memo

4. 문제 해법

> 성경 : 사도행전 27:20~26 (외울요절 25절)
> 찬송 : 345, 373(461, 503)장
> 주제 : 문제의 해법은 과거에도 지금도 앞으로도 하나님께서 하신다는 믿음에 있다.

　수를 셀 수 없는 문제들이 우리를 에워싸고 있지만 내 힘으로 풀 수 있는 문제는 많지 않습니다. 그렇다고 두 손 들고 포기하고 절망해야 될까요? 아닙니다. 해법을 찾아야 합니다. 해법이 있습니다.

1. 풍랑을 만난 바울

　사도행전 27:14을 보면 유라굴로라는 광풍을 만났습니다. 이 광풍을 만나면 살아남는 배가 없다고 합니다.
　배가 밀리기 시작했습니다. 그 누구도 손쓸 겨를이 없었습니다. 대안도 방책도 해법도 없습니다.
　그때, 그들이 살아남기 위해 취한 조치는 짐을 바다에 버리는 것이었습니다. 배가 가라앉지 못하도록 무거운 짐을 던져 버린 것입니다.
　짐이 뭡니까? 그들의 소유 즉 보화, 재물, 비단 등입니다. 그것 때문에 배를 탔는데 버리다니요? 아까운 걸 어떻게 버려요? 그러나 버리지 않고 껴안고 있으면 배가 파선되지 않습니까? 죽게 된 그 사람들을 그것들이 살려 줍니까?

배의 기구들을 버렸습니다(행 27:19). 배 안에 있는 것들, 탁자, 의자, 고급기구, 연장들, 장식품들 다 버렸습니다.

우리가 지금 누리고 있는 것들, 가지고 있는 소장품들, 고가의 장신구들은 두 눈 감으면 다 남의 것이 됩니다. 아무 소용이 없습니다. 그것들은 생명보다 중요하지 않습니다. 그래서 다 버린 것입니다.

2. 바울의 해법

본문 20절을 보면 "여러 날 동안 해도 별도 보이지 아니하고 큰 풍랑이 그대로 있으매 구원의 여망마저 없어졌더라"라고 했습니다. 이제 남은 것은 다 같이 죽는 길뿐이라는 것입니다. 희망이 끝나고 죽음이 기다리는 바다! 해법도 없고 길도 없는 거기! 선장도, 선주도, 백부장도 해법이 없는 그곳!

그래서 그곳이 종점이었습니까? 다 거기서 죽었습니까? 배가 바다에 가라앉았습니까? 거기서 끝났습니까? 아닙니다. 그렇지 않습니다. 해법이 있었습니다.

바울이 입을 열었습니다. "이제는 안심하라 너희 중 아무도 생명에는 아무런 손상이 없겠고 오직 배뿐이리라"(행 27:22)라고 합니다. 걱정 마라, 죽지 않는다는 것입니다.

그 근거가 무엇입니까? 본문 23~25절이 설명해 줍니다. "내가 섬기는 하나님의 사자가 어제 밤에 내 곁에 서서 말하되 바울아 두려워하지 말라 네가 가이사 앞에 서야 하겠고 또 하나님께서 너와 함께 항해하는 자를 다 네게 주셨다 하였으니 그러므로 여러분이여 안심하라 나는 내게 말씀하신 그대로 되리라고 하나님을 믿노라"

그들은 단 한 명도 실종되거나 죽지 않았습니다. 276명 전원 '멜

리데'라는 섬에 상륙했고 구원받았습니다(행 27:27-28:1).

3. 하나님의 해법

사람의 해법과 하나님의 해법은 다릅니다. 우린 여기서 하나님이 해법이라는 긍정적 믿음을 확인하고 고백해야 합니다.

"이 일은 하나님도 어쩔 수 없어. 이 일은 하나님도 풀지 못해. 하나님이라고 별 수 있겠어? 기도해 봤자 결과는 뻔해." 이건 해법도 접근법도 아닙니다. '하나님은 하신다. 하나님은 하고 계신다. 과거에도 지금도 앞으로도 하신다.'는 믿음이 필요합니다.

그리고 무엇이 내 믿음을 가로막고 있는가를 살펴보아야 합니다. 상처, 아픔, 쓴 경험, 실패, 고통 등이 되살아나면 믿음이 흔들리고 문제가 커지고 꼬이게 됩니다. 해법을 찾을 수 없습니다.

나보다 교회보다 주님이 더 소중하고 크고 높고 귀합니다.

내 생각, 내 판단, 내 뜻보다 주님의 뜻과 생각이 우선입니다.

인간은 문제 속에서 잉태되고 문제 속에 머물다 태어납니다. 그리고 사는 동안 이 문제 저 문제, 작은 문제 큰 문제를 겪게 됩니다. 내 힘으로 풀 수 있는 것들보다 풀지 못하는 문제가 더 많습니다.

그러나 해법은 있습니다. 하나님이 해법입니다. 믿고 맡기십시오.

✱ 학습문제

(1) 본문에 광풍으로 인해 사람들이 겪게 된 문제는 무엇입니까?

답 구원의 여망마저 없이 이제 남은 것은 다 같이 죽는 길뿐이라는 절망이었습니다(행 27:20).

(2) 바울이 광풍으로 절망한 자들에게 한 말은 무엇입니까?(행 27:25)

답 "안심하라 나는 내게 말씀하신 그대로 되리라고 하나님을 믿노라"

✽ 기도

구원의 하나님, 구원의 여망마저 없는 것 같은 절망적인 상황을 만날지라도 주께서 말씀하신 그대로 되리라는 믿음으로 살게 하옵소서. 예수님의 이름으로 기도합니다. 아멘

✽ 중보기도

(1) 한국 교회 지도자들이 절망적인 상황속에서도 '하나님의 말씀대로 되리라.'는 희망을 말할 수 있게 하옵소서.

(2) 하나님의 해법을 모르고 방황하는 지구촌 사람들이 주님 안에서 희망찬 새해를 살게 하옵소서.

✽ 만남의 준비

미가 7:14~15을 읽고 세상을 살아가는 선택의 지혜에 대해 생각해 봅시다.

✎ memo

5. 주의 지팡이

> 성경 : 미가 7:14~15(와울요절 15절)
> 찬송 : 280, 542(338, 340)장
> 주제 : 주의 지팡이를 의지하는 것이 영원한 구원을 얻는 길이고 생명의 길이다.

  지팡이의 용도는 다양합니다. 다리나 허리가 약한 사람들이 의지하고 짚고 다니는 이 지팡이는 잘못한 사람을 징계할 때, 지도자가 백성을 다스리고 통치할 때, 목자가 양을 칠 때도 사용했습니다.
  그런가 하면 이 지팡이가 상징적으로 쓰일 때도 있습니다. 바로 그것이 '주의 지팡이'입니다. 성경에 기록된 '지팡이'에 관한 몇 가지 사례를 살펴보겠습니다.

1. 모세의 지팡이

  어느 날 하나님은 모세를 부르시고 애굽으로 들어가 압제받고 박해받는 이스라엘을 이끌어내라고 명령하셨습니다. 그러나 모세는 한사코 거부했습니다. 애굽 사람을 살해한 죄가 드러나 도망쳐 나온 그 애굽으로 다시 돌아갈 수 없었기 때문입니다. 그리고 자신에겐 그럴 만한 능력도 없다고 생각했기 때문입니다.
  하나님은 모세에게 "네 손에 있는 것이 무엇이냐"라고 물으셨고,

모세는 "지팡이입니다."라고 대답했습니다.

하나님은 모세에게 "이 지팡이를 손에 잡고 이것으로 이적을 행할지니라"(출 4:17)라고 하셨습니다. 더 이상 버티고 거부할 수 없었던 모세는 애굽으로 가기 위해 길을 떠났습니다(출 4:18~20).

모세의 지팡이가 하나님의 지팡이가 된 것입니다. 그 지팡이가 모세 개인의 것일 때는 힘이 없고 큰일을 못합니다. 그러나 하나님의 지팡이가 되면 수천만 가지의 기적을 행하고 큰일을 행합니다.

2. 다윗의 지팡이

시편 23:4에서 다윗은 "내가 사망의 음침한 골짜기로 다닐지라도 해를 두려워하지 않을 것은 주께서 나와 함께하심이라 주의 지팡이와 막대기가 나를 안위하시나이다"라고 했습니다.

다윗도 베들레헴 계곡에서 아버지 이새의 양을 치던 목동이었기 때문에 지팡이가 있었습니다. 그런데 그는 내 지팡이가 나를 지키고 내 양을 지킨다라고 말하지 않고, 주의 지팡이와 막대기가 나를 안위하신다고 했습니다.

다윗은 자신이 왕이었지만 하나님이 더 크신 왕이라고 믿었고 하나님이 반석이시고, 피난처이시고, 피할 바위이시고, 구원이시라고 믿고 고백한 것입니다. 다윗의 지팡이도 하나님의 지팡이가 된 것입니다.

3. 미가의 지팡이

미가는 남왕국 유다의 요담 왕과 아하스 왕과 히스기야 왕 시대에 예언활동 한 선지자입니다. 세계 최강국으로 등장한 앗수르의 세력이 팽창하고 여세를 몰아 유다 나라를 침공하는가 하면 세속문화에 오염된 유다 나라는 신앙이 흔들리고 금력과 폭력이 활개치는 타락한 사회로 전락하고 있었습니다.

　미가가 외친 메시지의 요점은 "유일하신 하나님을 떠나지 말라. 하나님을 떠나면 심판이 임한다. 지도자들은 타락과 방종에서 벗어나라. 가난한 자들을 억울하게 하지 마라. 하나님을 바라보고 신뢰하라."라는 것이었습니다.

　특히 미가 7:7~20은 하나님의 구원과 회복을 다루고 있습니다. 전쟁에 지고 포로가 된 유다 민족은 마치 길 잃은 양떼와 같았습니다. 그들을 하나님의 지팡이로 회복시켜 주시고 푸른 초장, 물이 흐르는 바산과 길르앗에서 먹여 주시리라는 것입니다. 베푸시고 더 베푸시는 주님이라는 것입니다. 그 지팡이로 하나님의 양떼를 인도하시고 먹여달라는 것이 미가서의 결론입니다.

　우리 앞엔 순간이 있고, 영원이 있습니다. 시드는 것이 있고, 영원히 시들지 않는 것이 있습니다. 멸망이 있고, 구원이 있습니다. 죽는 길이 있고, 사는 길이 있습니다. 지옥이 있고 천국이 있습니다. 썩은 지팡이가 있고, 주의 지팡이가 있습니다. 어느 쪽을 선택하시렵니까?

　"주여! 주의 지팡이로 나를 인도하소서. 나를 구원하소서." 아멘

✽ 학습문제

　(1) 하나님의 지팡이로 삼아주신 내 손의 지팡이를 사용할 때 무슨 일이 일어날까요? (출 4:10~20)

　답 내게 주신 은사와 능력으로써, 놀라운 기적과 큰일을 행합니다.

　(2) 이스라엘의 구원과 회복을 외친 미가 선지자가 간구한 것은 무엇입니까? (미 7:7~20)

　답 길을 잃고 방황하는 이스라엘 백성들을 주의 지팡이로 인도해 달라는 것입니다.

✤ 기도

　영원하신 하나님, 오직 주님께만 구원과 영원한 생명이 있음을 믿습니다. 주의 지팡이로 우리를 인도하소서. 우리를 지켜 주소서. 우리를 구원하소서. 예수님의 이름으로 기도합니다. 아멘

✤ 중보기도

　(1) 멸망과 죽음의 길에 서 있는 이웃들이 영원한 생명이신 예수님을 만나게 하옵소서.
　(2) 주를 믿는 모든 가정들이 주의 지팡이를 의지하고 생명을 누리며 살게 하옵소서.

✤ 만남의 준비

　로마서 8:31~39을 읽고 넉넉히 이기는 비결을 생각해 봅시다.

✎ memo

6. 넉넉히 이기는 사람들

성경 : 로마서 8:31~39(외울요절 37절)
찬송 : 370, 390(455, 444)장
주제 : 하나님이 우리를 위하시면 겁날 것도 없고 염려할 필요도 없다. 넉넉히 이기기 때문이다.

'하나님이 나와 함께 계신다.'는 신앙을 가진 바울은, 하나님이 우리를 위하시면 겁날 것도 없고 염려할 필요도 없다고 고백했습니다.

1. 당할 자가 없습니다

바울은 본문 31절에서 "만일 하나님이 우리를 위하시면 누가 우리를 대적하리요"라고 했습니다.

여호수아는 모세가 죽고 난 뒤 이스라엘 민족을 가나안까지 인도할 책임을 맡고 가나안을 점령했습니다. 그는 가나안을 점령하기까지 셀 수 없는 전쟁을 치러야 했습니다. 그런데 그때마다 승리했습니다. 승리의 원인은 단 한 가지였습니다. 그것은 하나님이 함께하셨고 여호수아 편이 되어 주셨기 때문입니다(수 1:9).

하나님이 우리를 위하시면 당할 자가 없습니다. 그 어떤 세력도, 어떤 집단도, 마귀도 겁낼 필요가 없습니다. 내가 하나님 편에 서면 나와 사단의 전쟁이 아니라 하나님과 사단의 전쟁이 됩니다. 하나님에게는 실패, 패전이 없습니다. 다윗도 하나님이 싸우신다는 믿음으로 골리앗과 맞섰기 때문에 승리할 수 있었습니다. 하나님이 우리를 위하시면 우리도 모세, 여호수아, 사무엘, 다윗처럼 승리할 수 있습니다.

2. 정죄할 수 없습니다

중요한 것은 하나님이 나를 의롭다고 인정하셔야 된다는 것입니다(롬 8:1). 자기 스스로 '나는 깨끗하다. 나는 죄가 없다.'고 하는 것은 의미가 없습니다. 의롭게 되려면 절차를 거쳐야 합니다. 내가 죄인임을 인정하고 예수님을 믿고 구주로 고백해야 합니다.

그리고 나면 하나님이 나를 '의롭다. 깨끗하다. 죄사함받았다.'고 인정해 주십니다. 그 이후부턴 그 누구도 나를 고발하거나 정죄할 수 없습니다.

3. 하나님과의 관계를 끊을 수 없습니다

바울은 "내가 확신하노니 사망이나 생명이나 천사들이나 권세자들이나 현재 일이나 장래 일이나 능력이나 높음이나 깊음이나 다른 어떤 피조물이라도 우리를 우리 주 그리스도 예수 안에 있는 하나님의 사랑에서 끊을 수 없으리라"(롬 8:38~39)라고 했습니다.

초대교회 성도들은 하나님과 맺은 사랑의 줄을 믿었습니다. 그 줄만 놓치지 않으면 죽어도 사는 것을 믿었고 결국 영원한 천국에 들어간다는 것을 믿었습니다. 바울도 두들겨 맞고, 쫓겨 다니고, 모욕 당하고, 죽을 고비를 겪었습니다만 그 어떤 것도 하나님의 사랑에서 끊을 수 없다는 것을 믿었습니다.

하나님은 택한 사람들을 물건 버리듯 폐기처분하지 않습니다. 사랑의 줄로 연결되면 쉽게 버리시지도 않으시고 끊어 버리시지도 않습니다.

4. 이기고 남습니다

바울은 "이 모든 일에 우리를 사랑하시는 이로 말미암아 우리가 넉넉히 이기느니라"(롬 8:37)라고 했습니다. 여기에서 우리가 주목해야 할 두 가지는 '모든 일'과 '이긴다.'는 것입니다.

'모든 일'이란 인간이 겪을 수 있는 모든 일을 말합니다. 우리가 믿는 그 예수님이 모든 것을 지으시고 다스리시며, '절망, 좌절, 포기, 패배, 죽음' 등을 반전시키는 능력을 가지셨기 때문에 우리는 모든 일에 넉넉히 '이긴다.'는 것입니다.

그러므로 예수 믿는 사람들은 '절망, 좌절, 포기, 패배, 죽음' 등의 단어들을 가까이하면 안 됩니다.

하나님은 넉넉하신 분이십니다. 모든 것을 다 가지셨고 갖추고 계십니다(시 23:1, 5). 넉넉하시고 넘치게 하시고 남게 하시는 하나님이 내 아버지 되심을 기뻐하고 감사합시다. 그리고 "하나님이 나를 위하시면 당할 자가 없다. 정죄할 자도 없다. 끊을 수 없다. 넉넉히 이긴다."라고 고백하고 선포합시다. 하나님은 나를 위하여 독생자를 주셨습니다. 나를 구원하셨습니다. 그리고 나와 함께하십니다.

✱ 학습문제

(1) 위기에 직면한 하나님의 사람들이 경험하는 것은 무엇입니까?
답 하나님이 우리를 위하시면 당할 자가 없다는 것입니다. 그 어떤 세력도, 어떤 집단도, 마귀도 겁낼 필요가 없습니다(롬 8:31, 수 1:9).

(2) 넉넉히 이기게 하시는 하나님을 믿는 사람들이 가까이해선 안 되는 단어들은 무엇입니까?(롬 8:37, 시 23:1)
답 절망, 좌절, 포기, 패배, 죽음 등 입니다.

✱ 기도

 구원의 하나님, 하나님이 나를 위하시면 당할 자가 없고, 정죄할 자도 없고, 끊을 수도 없고, 넉넉히 이기게 될 줄로 믿습니다. 언제나 담대한 믿음으로 살아가게 하옵소서.
 예수님의 이름으로 기도합니다. 아멘

✱ 중보기도

 (1) 절망과 좌절과 포기를 일삼는 이웃들이 넉넉히 이기게 하시는 주님을 만나 새로운 삶을 살게 하옵소서.
 (2) 예수님을 믿는 사람들이 일터에서도 넉넉히 이기게 하시는 주님의 은혜를 경험하게 하옵소서.

✱ 만남의 준비

 데살로니가전서 2:11~13을 읽고 하나님의 말씀을 받는 우리의 자세에 대해 생각해 봅시다.

✎ memo

7. 하나님의 말씀으로

> 성경 : 데살로니가전서 2:11~13 (외울요절 13절)
> 찬송 : 202, 285(241, 209)장
> 주제 : 고치시고 회복시키시는 능력의 말씀을 하나님의 말씀으로 받고 순종하자.

데살로니가교회는 칭찬받을 일이 많은 교회였습니다. 그렇다고 잘 못이 없었던 것은 아닙니다. 그러나 바울은 그 교회의 좋은 점을 골라 칭찬한 것입니다. 그들이 바울이 전하는 말씀을 바울 개인의 사적인 이야기로 받지 않고 하나님의 말씀으로 받았다는 것을 감사하고 칭찬한 것입니다.

그들은 왜 바울이 전한 말을 하나님 말씀으로 받았을까요? 그것은 바울 자신의 사상이나 생각이나 신학을 말하지 않고 예수 그리스도의 십자가 복음을 말했기 때문입니다. 본문은 두 가지를 교훈합니다.

1. 부모의 심정으로 전했습니다

본문 11절을 보면 "너희도 아는 바와 같이 우리가 너희 각 사람에게 아버지가 자기 자녀에게 하듯 권면하고 위로하고 경계하노니"라고 했습니다. 아비처럼 했다고 했습니다. 데살로니가전서 2:7에서는 유순한 유모 즉 어머니의 심정으로 하였다고 했습니다. 힘들어 할 땐

격려하고 잘못하면 경계했습니다.

　나무는 내버려둬도 거목이 될 수 있습니다. 그러나 사람은 내버려두면 재목이 못됩니다. 신앙도 그렇습니다. 그래서 바울은 데살로니가 교인들을 권면하고 위로하고 경계한 것입니다.

　그리고 부모의 심정으로 했습니다. 부모가 자식을 매질하는 것은 죽으라고 하는 것이 아닙니다. "당장 꺼지지 못해!"라고 엄포를 놓지만 진짜 집을 뛰쳐나가 자취를 감추라고 하는 것은 아닙니다. 더 잘 되라고, 더 잘하라고, 더 좋은 사람이 되라고 그러는 것입니다. 그것이 부모의 심정입니다.

　바울은 본문 12절에서 부모의 심정으로 "이는 너희를 부르사 자기 나라와 영광에 이르게 하시는 하나님께 합당히 행하게 하려 함이라"라고 했습니다.

2. 하나님 말씀으로 받았습니다

　데살로니가교회 성도들은 바울이 전하는 복음을 하나님이 바울을 통해 주시는 말씀으로 받았습니다. 본문 13절을 보면 "너희가 우리에게 들은 바 하나님의 말씀을 받을 때에 사람의 말로 받지 아니하고 하나님의 말씀으로 받음이니 진실로 그러하도다"라고 했습니다.

　바울의 말로 들으면 취사선택을 해야 합니다. 마땅치 않은 말도 있고 비위에 거슬리는 말도 있을 수 있습니다. 그러나 하나님의 말씀으로 받으면 선택이 불가능합니다. 요한계시록을 보면 "귀 있는 자는 들을지어다"라고 했습니다. 선택하라는 것이 아닙니다.

　데살로니가 교인들은 바울이 전하는 말씀을 환영하며 받아들였습니다.

　우린 여기서 설교 듣는 자세를 재조명해 보아야 합니다.

비교하는 것입니다. 매번 최고의 설교를 원하는 것입니다. 졸고 하품하고 시계 들여다보고 옆 사람하고 소곤거리는 것입니다.

그러나 매번 설교가 최고의 설교가 되는 방법이 있습니다. 그것은 설교자의 책임도 있지만 듣는 사람들이 만드는 것입니다. 그날의 설교자를 위해 기도하십시오. 그 말씀을 하나님의 말씀으로 받으십시오. 그리고 그 말씀을 실천하십시오.

의사는 처방전을 써줍니다. 약사는 처방전대로 약을 조제합니다. 그런데 처방전이 잘못되거나 약제가 틀리면 큰일 납니다. '하나님이 오늘 설교자를 통해 나에게 말씀하셨다.' 이것이 데살로니가 교인들의 말씀 신앙이었습니다. 처방대로 약을 조제하고 그 약을 용법대로 복용하는 실천이 병을 치료하는 것입니다.

하나님의 말씀은 살아 있습니다. 능력이 있습니다. 예리합니다. 우리를 고치시고 회복시키시며 살립니다.

우리가 설교를 들을 때, 하나님 말씀으로 받읍시다. 그 말씀을 순종합시다. 그 말씀을 전합시다. 하나님의 말씀으로!

✽ 학습문제

(1) 데살로니가 교인들이 받은 칭찬은 무엇이며, 왜 칭찬을 받았습니까?(살전 1:3, 8, 2:13)

답 그들에게 믿음의 역사, 사랑의 수고, 소망의 인내가 있음을 칭찬받았으며, 바울의 권면을 하나님의 말씀으로 받았기 때문입니다.

(2) 성경의 가르침과 하나님의 말씀을 받을 때 얻는 유익은 무엇입니까?(히 4:12)

답 하나님의 말씀은 살아 있고 능력이 있어 우리를 고치시고 회복시키시고 살립니다.

❀ 기도

말씀으로 천지를 창조하신 하나님 아버지, 성경의 가르침을 들을 때 치유와 회복의 은혜를 경험하게 하옵소서.

예수님의 이름으로 기도합니다. 아멘

❀ 중보기도

(1) 하나님의 말씀이 선포되는 곳에 치유와 회복이 있게 하옵소서.

(2) 이 땅의 지도자들에게 말씀의 깊이를 더하셔서 말씀으로 살찌워지는 나라 되게 하소서.

❀ 만남의 준비

마태복음 7:24~29을 읽고 믿음의 기초를 어떻게 세울 수 있는지 생각해 봅시다.

✎ memo

8. 세우는 사람들

> 성경 : 마태복음 7:24~29(외울요절 24절)
> 찬송 : 204, 546(379, 399)장
> 주제 : 믿음의 기초가 든든하면 환난이 와도 고통이 닥쳐도 절망이 앞을 가려도 실패가 길을 막아도 무너지지 않는다.

1. 믿음을 바로 세워야 합니다

믿음은 하나님을 향한 인간의 태도입니다. 그 사람의 믿음 정도에 따라 하나님을 섬기는 일, 기도하는 일, 찬양하는 태도가 결정됩니다.

사울은 이스라엘의 초대 왕이었습니다. 그 당시 남자가 오를 수 있는 최고의 자리에 오른 것입니다. 그러나 그는 믿음 관리에 실패했습니다. 다윗을 경쟁자로 여기고 그를 죽이기 위해 정사를 제쳐둔 채 뒤를 쫓았습니다. 질투로 눈이 어두워졌기 때문입니다. 수많은 처첩을 왕궁으로 끌어들여 향락을 일삼고, 처첩들이 가지고 온 우상을 섬기고 우상 신전을 동서남북에 세웠습니다. 그러나 사울 왕조는 당대로 끝났습니다. 그의 후손 중 단 한 명도 벼슬자리에 오르지 못하고 가문이 문을 닫았습니다.

바울은 고린도교회에 보낸 편지 속에서 "너희는 믿음 안에 있는가 너희 자신을 시험하고 너희 자신을 확증하라 예수 그리스도께서 너희 안에 계신 줄을 너희가 스스로 알지 못하느냐 그렇지 않으면 너희는 버림받은 자니라"(고후 13:5)라고 했습니다. 우리는 날마다 나 자신의 믿음을 점검하고 확인해야 합니다.

내 믿음을 세웁시다. 비가 오고 창수가 나고 바람이 불어도 무너지지 않는 믿음을 세웁시다. 믿음은 건물의 기초와 같습니다. 기초가 흔들리면 다 흔들립니다. 그러나 믿음의 기초가 든든하면 환난이 와도 고통이 닥쳐도 절망이 앞을 가려도 실패가 길을 막아도 무너지지 않습니다. 기초가 튼튼하기 때문입니다.

2. 행복한 가정을 세웁시다

집을 지을 때 기초가 놓이면 기둥을 세웁니다. 가정 역시 신앙의 기초 위에 믿음의 기둥을 세우고 집을 지어야 합니다. 영혼에 가시가 박히면 뽑아내야 하는 것처럼 가정을 파괴하고 나누고 무너뜨리는 도전들을 물리쳐야 합니다.

현대 가정들이 위기를 겪고 있습니다. 이유는 여러 가지입니다. 경제 문제, 감정 문제, 자녀 문제, 가족 간의 갈등 등. 그런데 한마디로 요약하면 '너 때문에 이렇게 됐다. 당신 때문에 이렇게 됐다.'는 생각이 문제의 중심에 자리잡고 있습니다. 나는 잘못이 없는데 너 때문에 이렇게 됐다는 발상과 사고가 우리를 지배하고 있습니다.

하나님은 선악과를 따먹고 하나님의 낯을 피해 숨어 지내는 아담을 부르셨습니다. 창세기 3:9~13의 대화에서 발견할 수 있는 것은 남자는 여자에게, 여자는 뱀에게 책임을 떠넘기고 있다는 것입니다. 그리고 남자도 여자도 자신들의 잘못을 인정하지도 않고 잘못했다고 말하지도 않았다는 것입니다.

타락한 아담과 하와가 책임을 떠넘기고 너 때문에 이 꼴이 됐다는 관행을 우리에게 물려준 것입니다. 그러나 예수님의 십자가는 그렇게 말하지도 않고 그렇게 가르치지도 않습니다.

"다 내 탓이다. 내가 책임진다. 내가 죽는다. 내가 못 박힌다." 이 것이 십자가 정신입니다. 죄가 있어서가 아닙니다. 잘못이 있어서가 아닙니다. 그런데도 주님은 나 대신 십자가를 지셨습니다. 나 대신 죽으셨습니다.

가정이 어떻게 회복됩니까? 교회가 어떻게 회복됩니까? 부부가 어떻게 회복되어야 하며 가정이 어떻게 세워져야 합니까? 갈보리 언덕에 세워진 주님의 십자가로 돌아가야 합니다. 십자가의 사랑과 용서는 부부를 회복시키고 자녀를 살리고 행복한 가정을 세웁니다.

우리는 내·믿음을 세우고 내 가정을 세우고 교회를 세우고 건강한 사회와 국가를 세워야 할 책임을 가진 사람들입니다.

내가 오늘 여기 있기 때문에, 내가 오늘 이 직장에 있기 때문에, 내가 오늘 이 교회에 있기 때문에, 내가 오늘 가정에 있기 때문에 치료되고 세워지고 건강하게 되는 역사가 일어나게 합시다. 건강한 신앙, 건강한 가정, 행복한 교회를 세우는 건축가들이 됩시다. 그러기 위해 우리 모두 십자가 있는 곳으로 방향을 바꿉시다.

✽ 학습문제

(1) 우리 자신을 세우기 위해 날마다 기억해야 할 것은 무엇입니까?(마 7:24, 고후 13:5)

㉰ 믿음의 기초가 든든한지 자신을 점검해야 합니다.

(2) 행복한 가정을 세우기 위한 필수적인 조건은 무엇입니까?(마 7:25, 엡 5:22~25)

㉰ 말씀을 함께 읽고, 십자가의 은혜 가운데 하나 되어야 합니다.

✽ 기도

하나님 아버지, 말씀 안에서 믿음의 기초가 든든하게 되어, 환난이 와도 고통이 닥쳐도 절망이 앞을 가려도 실패가 길을 막아도 무너지지 않는 삶을 살게 하소서. 예수님의 이름으로 기도합니다. 아멘

✽ 중보기도

(1) 모든 가정들이 하나님의 말씀으로 하나가 되어 행복한 가정을 이루게 하옵소서.

(2) 해외 파송 선교사님들이 하나님의 말씀으로 뭇 영혼을 살찌우는 사역을 잘 감당하게 하옵소서.

✽ 만남의 준비

누가복음 12:41~48을 읽고 진실한 청지기에 대해 생각해 봅시다.

✎ memo

9. 진실한 청지기

> 성경 : 누가복음 12:41~48(외울요절 42절)
> 찬송 : 211, 216(346, 356)장
> 주제 : 청지기는 헬라어로 '오이코노모스'로 집안일을 관리하는 사람을 의미한다. 청지기는 주인의 소유물을 적절하게 지키고 나누어 주어야 할 책임이 있다. 오늘의 모든 그리스도인은 하나님의 은혜를 받은 진실한 청지기가 되어야 한다.

신약시대의 부자들은 종들을 관리하고 집안일을 돌보기 위해 청지기를 고용했습니다. 이들의 신분은 종이었지만 주인의 특별한 신임을 받았습니다. 경우에 따라서는 주인 다음가는 책임 있는 위치를 부여받았습니다.

이 청지기는 '위대한 청지기'로서 오시는 '메시야' 곧 예수 그리스도를 상징합니다. 예수님은 스스로 청지기의 삶을 사시면서 청지기로서의 삶을 가르치셨습니다.

1. 모든 그리스도인은 청지기의 사명이 있습니다

청지기는 주인으로부터 위임을 받은 자입니다. 청지기는 주인의 소유물을 지키며 나누어 주어야 할 책임이 있습니다.

오늘날에는 교회 지도자들만이 아니라 모든 그리스도인들이 교회의 청지기입니다. 직분에 상관없이 중요한 것은 자신의 임무를 얼마나 성실히 수행하느냐 입니다.

본문 42~43절에 보면 예수님은 '지혜 있고 진실한 청지기가 되어 주인에게 그 집 종들을 맡아 때를 따라 양식을 나누어 줄 자'를 찾으신다고 하였습니다. 그리고 주인이 이를 때에 그 종이 그렇게 하는 것을 보면 '그 종은 복이 있을 것'이라고 말씀하셨습니다.

예수님은 제자들을 선택하실 때 "너희는 사람을 낚는 어부가 되리라"라고 하셨습니다. 예수님은 제자들에게 다른 사람들을 이끄는 지도자의 임무를 맡기셨습니다. 그러므로 예수님을 주로 모시고 예수님의 참 제자 된 사람만이 진정한 영적 지도자가 될 수 있습니다.

오늘날 참된 청지기 즉 영적 지도자가 되려면 예수님의 제자가 되어야 합니다.

2. 모든 청지기는 예수님을 닮은 제자가 되어야 합니다

그리스도인은 예수님을 따르며 예수님을 주인으로 모신 사람입니다. 기독교는 종교나 수양이 아닙니다. 좋은 사람이 되는 훈련도 아닙니다. 죽으셨다 부활하시고 살아계신 예수님을 직접 마음속에 모셔 들이는 결정이요, 변화입니다. 이것이 바로 기독교의 신앙입니다.

예수님을 마음속에 모신 사람은 더욱 예수님 알기를 사모해야 합니다. 예수님은 이 세상에 오셔서 친히 제자들과 함께 사셨습니다. 그러면서 사람들과 제자들에게 본을 보이셨습니다.

말로 가르치는 것보다 더 큰 영향을 끼치는 것이 바로 삶으로 본을 보이는 것입니다. 우리는 예수님을 통해 서로를 사랑하며 섬기는 법을 배우게 됩니다. 우리가 하나님과 이웃을 사랑하는 법을 배우지 못하면 결코 하나님이 우리를 이 세상에 있게 하신 목적을 이해할 수 없을 것입니다.

사랑이신 하나님은 자녀 된 우리가 이웃을 사랑하고 특히 성도들을 사랑하기를 원하십니다.

3. 청지기로 살려면 소그룹 안에서 서로 섬겨야 합니다

혼자서는 사랑을 배울 수 없습니다. 성경은 다른 사람과 관계를 키워 나가는 것을 공동체 안에 머무는 것으로 표현하고 있습니다.

'서로 사랑하라.'고 하신 하나님의 명령을 실천하기 위해 교회 성도들과 교제하며 소그룹에 참여하여 함께하는 것이 절대적으로 필요합니다.

공동체는 우리가 서로 사랑하며 믿음으로 사는 법을 배우는 중요한 현장입니다. 이런 소그룹에서의 변화를 간증할 때 설교보다 강력하고 영향력이 큰 것을 봅니다.

성도들은 자신의 모든 소유와 삶으로 하나님의 나라를 위해 헌신하고 봉사해야 하며, 구역활동에 참여하므로 우리의 믿음이 성장하며 주님을 닮아가도록 힘써야 합니다. 그리고 서로 다른 성도들을 섬기고 저들의 믿음이 자라도록 돕고 인도하는 청지기, 곧 지도자가 되는 것을 목표로 삼아야 합니다.

이런 그리스도인을 하나님은 지혜롭고 신실한 청지기로 인정하시며 더욱 축복하시고 풍성한 삶으로 인도하십니다.

✽ 학습문제

(1) 그리스도인이 청지기로서 해야 할 사명은 무엇입니까?
답 하나님의 사람들을 은혜와 진리로 인도하여야 합니다.
(2) 예수 그리스도께서 청지기에게 원하시는 자세는 무엇입니까?
답 지혜롭고 진실하게 사명을 감당하는 자세입니다.

※ 기도

　사랑이 많으신 하나님, 우리를 섬김의 종으로 삼아 주심을 감사합니다.

　주님께서 우리에게 본을 보이신 대로 지혜롭고 진실한 청지기가 되게 하옵소서. 훗날 주님께 잘했다고 칭찬받는 종이 되게 하여 주옵소서. 어떤 상황에서도 변함없이 섬기며 주님의 향기를 전하는 청지기가 되게 하소서. 예수님의 이름으로 기도합니다. 아멘

※ 중보기도

　(1) 사랑의 섬김과 헌신이 가득한 교회가 되게 하옵소서.
　(2) 항상 모이기를 힘쓰며 진실한 청지기의 삶을 사는 그리스도인이 되게 하옵소서.

※ 만남의 준비

　요한복음 13:12~17을 읽고 섬김의 본을 보이신 주님을 묵상합시다.

✎ memo

10. 내가 본을 보였노라

> 성경 : 요한복음 13:12~17(외울요절 15절)
> 찬송 : 212, 220(347, 278)장
> 주제 : 그리스도인의 신앙생활은 예수님을 구주로 믿고 하나님의 자녀가 되어 일상생활 속에서 열매를 맺고 내적 성품으로 나타나야 한다. 참된 그리스도인은 예수님의 발자취를 따르고 예수님을 본받아 예수님처럼 살기 위해 최선을 다해야 한다.

믿음의 삶을 시작하는 것은 그리스도인의 삶의 출발에 지나지 않습니다. 우리가 변화되려면 예수님을 믿고 예수님을 본받기를 힘써야 합니다. 그런 삶의 과정을 통해 우리에게 변화가 이루어지는 것입니다. 우리는 제자들의 발을 씻기시는 예수님의 섬김을 배워야 합니다.

1. 사랑의 본을 보이신 주님을 본받아야 합니다

예수님은 십자가에 달리시기 전까지 진실하셨고, 마지막까지 사랑하셨습니다. 하나님의 부르심을 받은 사람들을 향한 예수님의 사랑은 한계가 없는 진실한 사랑이었습니다. 진정한 사랑은 몸으로 그리고 행동으로 나타납니다. 사랑하는 사람을 가까이하고 싶고, 무엇인가를 행동으로 나타내 보여 주고 싶어 합니다.

이런 사랑의 행함이 마음에 감동과 변화를 줍니다. 예수님은 우리가 하나님과 원수 되었을 때에 우리를 위하여 십자가를 지셨습니다. 우리는 오늘도 어리석고 미련한 일을 하고 있지만 하나님께서는 우리를 계속 사랑하십니다. 이런 사랑이 사람을 변화시키고 성장하게 하며 새로운 피조물을 만듭니다.

예수님은 우리를 위하여 오시고, 죄인 된 우리를 구원하시기 위해 십자가를 지시고 저주를 받으시고 죽으셨습니다.

오늘의 성도들은 우리를 사랑하셔서 대신 죽으시므로 사랑의 본을 보이신 주님을 따르는 그리스도인이 되어야 합니다.

2. 우리는 발을 씻기시며 용서하시는 예수님의 용서를 본받아야 합니다

주님께서 베드로의 발을 씻기시려고 하자 베드로는 거부했습니다. 그때 주님은 "내가 너를 씻어 주지 아니하면 네가 나와 상관이 없느니라"라고 말씀하셨습니다.

예수님께서 제자들의 발을 씻기신 일은 단순한 섬김의 본을 보이신 것이 아니라 사죄와 구원의 진리를 말씀하신 것입니다. 예수님이 제자들의 발을 씻기신 행동에는 더러운 것을 씻어 주시는 죄사함의 의미가 있었습니다.

제자들은 이미 죄사함을 받고 구원받은 사람들이었습니다. 그럼에도 불구하고 제자들은 날마다 죄를 범하는 죄인들이었습니다. 그러므로 날마다 씻음받고 날마다 죄사함을 받아야만 했습니다.

예수님이 세상에 오셨을 때 주변에는 가난하고 헐벗은 죄인들이 많았습니다. 그래서 바리새인들로부터 죄인의 친구라는 비난을 받으셨습니다. 그러나 예수님은 이를 부끄럽게 여기지 않으시고 저들의 허물과 죄를 씻어 주시기를 원하셨습니다. 그리스도인은 허물과 죄를 씻어 주시는 주님의 용서를 본받아야 합니다.

3. 그리스도인은 예수님의 섬김의 삶을 본받아야 합니다

예수님의 삶은 시작부터 마지막까지 섬기는 삶이었습니다.

주님은 "인자가 온 것은 섬김을 받으려 함이 아니라 도리어 섬기려 하고 자기 목숨을 많은 사람의 대속물로 주려 함이니라"(막 10:45)라고 말씀하셨습니다.

제자들의 발을 씻기는 행동은 겸손과 섬김의 의미를 지니고 있었습니다. 예수님은 겸손한 모습으로 우리들을 섬기기를 원하셨습니다. 우리는 주님의 섬김을 받아야 구원을 얻습니다. 선생이 제자의 발을 씻겼다는 것은 먼저 된 사람이 나중 된 사람의 발을 씻어 주어야 함을 가르쳐 주신 것입니다.

예수님을 믿는 이의 삶은 섬기는 삶이어야 합니다. 우리가 믿는 주님께서 섬기는 자로 오셨고, 당신의 몸을 우리 위한 대속물로 십자가에서 모두 내어 주셨으니 우리도 섬기는 자로 살아감이 마땅합니다. 사랑의 주님의 본을 따라 힘들고 어려운 이웃들을 섬길 때 진정한 기쁨과 행복이 있습니다.

✱ 학습문제

(1) 예수님께서 제자들의 발을 씻기신 의미는 무엇입니까?

답 예수님은 허물과 죄가 많은 제자들을 끝까지 사랑하시고 용서하셨다는 의미입니다.

(2) 예수님의 제자들이 따라야 할 예수님의 모범은 무엇입니까?

답 다른 사람을 나보다 낫게 여기고 그들을 겸손하게 섬겨야 합니다.

✽ 기도

하나님 아버지, 우리의 죄와 허물을 씻어 주시기 위해 인간이 되시고 사랑해 주심을 감사합니다. 예수님께서 제자들의 발을 씻기심을 통해 보여 주신 사랑과 용서와 섬김의 본을 따르는 성도들이 되게 하여 주옵소서.

예수님의 이름으로 기도합니다. 아멘

✽ 중보기도

(1) 서로 높아지기 위해 다투지 않고 서로 섬길 수 있는 한국 교회가 되게 하소서.

(2) 진정한 사랑과 용서와 섬김으로 하나가 되는 이 나라와 민족이 되게 하소서.

✽ 만남의 준비

사도행전 6:1~7을 읽고 하나님께서 찾으시는 사람의 자격을 묵상합시다.

✎ memo

11. 하나님의 일꾼

> 성경 : 사도행전 6:1~7 (와울요절 3절)
> 찬송 : 315, 312(512, 341)장
> 주제 : 하나님의 일을 많이 하지만 하나님과 함께 일하지 못하는 경우가 많다. 사역을 위한 열정은 있으나 예수님과 긴밀한 교제를 잃어버릴 수 있다. 이런 때 교회 사역자가 가져야 할 영적 원리를 찾고 회복해야 한다.

예루살렘교회가 급성장하면서 교인들을 제대로 섬기지 못하고 문제가 생기게 되었는데, 그것은 구제를 받아야 할 사람들이 골고루 구제를 받지 못하는 일이 생긴 것입니다. 이런 어려움과 시련이 생길 때 필요한 것은 사역의 원리로 돌아가는 것이었습니다.

1. 하나님의 사람들은 하나님과 함께 일하는 법을 배워야 합니다

교회 사역의 영적 원리는 하나님의 일을 내 힘만으로 하려고 하지 말아야 한다는 것입니다. 하나님을 먼저 따르고 하나님의 능력으로, 하나님과 함께해야 합니다.

예수님은 열두 명의 제자들을 택하셔서 저들에게 일을 맡기셨습니다. 그러나 일만 위해 저들을 부르신 것은 아니었습니다. 마가복음에서는 제자들을 부르시고 세우신 이유에 대해 예수님과 함께 있게 하시려는 것이라고 소개합니다. 주님을 떠나서는 우리가 아무것도 할 수 없기 때문입니다.

그러므로 하나님의 일을 하기 전에 먼저 주님과 함께하며 주님에 의해 쓰임받는 법을 배워야 합니다. 우리가 평범해도 주님께서 사용하시면 위대한 일을 할 수 있게 됩니다.

그러나 우리가 아무리 재능이 많고 열심이 있어도 주님께서 함께 하시지 않으면 주님을 위해 아무 일도 할 수 없게 됩니다. 우리의 의지나 노력으로는 한계가 있기에 능력의 원천이신 예수님께 붙어 있어야 합니다.

2. 하나님의 사람들은 함께 하나님의 일을 해야 합니다

초대 예루살렘교회에 사람들이 많아지게 되자 사도들은 과부를 구제하는 일에 지나치게 많은 시간을 소모했습니다. 일이 많아지니 하나님과 함께하는 시간을 보내기 어려워졌던 것입니다.

하나님의 말씀을 제쳐 놓고 구제하는 일에만 매달려 있는 것이 마땅하지 않다고 여겼던 사도들은 이 사태를 가볍게 보아 넘기지 않고 속히 영적인 사역의 원리를 붙들고 곧 그 대책을 세웠습니다.

첫째는 이 일을 위해서 교인들 가운데서 성령과 지혜가 충만하여 칭찬받는 사람 일곱을 택하기로 했습니다. 둘째는 구제하는 일을 그들에게 맡기고 오로지 기도하는 일과 말씀 사역에 힘쓰기로 하였습니다.

사도들은 다시 가장 중요한 것으로 돌아옵니다. 우선순위를 찾았습니다. 영적 원리를 따랐습니다. 사도들에게 있어서 우선순위는 말씀과 기도입니다. 사도들은 주님과 함께하기 위해 사역의 가지치기를 하였습니다.

3. 하나님의 사람들은 영적 일꾼의 자격을 갖추어야 합니다

사도들은 교회 일꾼으로 집사들을 세웁니다. 집사들은 대접받는 사람이 아니라 일하고 섬기는 사람들이어야 했습니다. 이름만 가지고 자존심이나 생각하는 일꾼은 필요가 없습니다.

그래서 사도들은 기준을 정했습니다.

저들이 선택한 사람들은 첫째 '성령충만한 사람'입니다. 성령충만한 사람은 성령님께 붙들린 사람이며 항상 성령님을 의지하는 사람입니다. 성령충만하지 않으면 하나님께 쓰임받을 수 없습니다. 성령의 기름 부으심이 있으면 우리도 주님이 하셨던 큰일을 할 수 있습니다.

둘째 '지혜가 충만한 사람'입니다. 그 다음에 '칭찬 듣는 사람'입니다. 그 사람의 성령충만과 지혜는 다른 사람들에게 인정을 받아야 합니다. 진정으로 성령충만하면 지혜가 있고 칭찬받게 됩니다. 그래서 온 교인들이 칭찬하고 인정할 만한 사람으로 교회 일꾼을 세워야 합니다.

✽ 학습문제

(1) 성령충만한 초대교회에 문제가 생긴 이유는 무엇입니까?
답 사도들이 구제의 일에 집중하느라고 영적 원리를 따르지 않았기 때문입니다.

(2) 초대교회의 영적 문제를 해결한 방법은 무엇입니까?
답 사도들이 기도와 말씀 전하는 일에 힘쓰도록 적절한 일꾼을 세운 것입니다.

✾ 기도

　사랑이 많으신 하나님 아버지, 오늘의 교회가 영적 원리에 따라 움직이게 하옵소서. 하나님의 일을 하나님의 방법대로 하게 하소서. 영적 지도자들이 기도와 말씀에 우선할 수 있는 지혜와 결단을 허락하소서. 성령과 지혜가 충만하며 칭찬받는 성도들이 많이 일어나서 충실한 사역을 통해 주님의 나라가 회복되게 하여 주소서.
　예수님의 이름으로 기도합니다. 아멘

✾ 중보기도

　(1) 한국 교회의 영적 지도자들이 성령으로 충만하며 항상 깨어 있게 하소서.
　(2) 성령으로 충만하며 지혜로운 일꾼들이 많이 일어나는 교회가 되게 하소서.

✾ 만남의 준비

　베드로전서 3:13~22을 읽고 열심히 선을 행하는 그리스도인의 삶을 묵상합시다.

✎ memo

12. 열심으로 선을 행하라

성경 : 베드로전서 3:13~22(외울요절 13절)
찬송 : 323, 331(355, 375)장
주제 : 오늘 사회가 아무리 혼탁하더라도 선한 삶을 사는 하나님의 사람들이 계속 배출된다면 이 사회는 정화되어 살기 좋게 될 것이다. 이를 위해서 그리스도인들이 열심히 선을 행하는 청지기로 살아가야 한다.

오늘 본문 말씀은 무서운 시련과 핍박에 처한 그리스도인들을 향한 권면입니다. 우리에게 이런 환난과 고난이 온다면 어떻게 살아야 합니까? 그리스도를 따르는 우리는 오늘 이 세상에서 어떻게 살고 있는지 생각하고, 하나님께서 허락하신 환경에서 열심히 선을 행해야 합니다. 열심히 선을 행하려면 어떻게 해야 합니까?

1. 그리스도를 주로 삼아야 합니다

세상 사람들은 그리스도인들이 선하고 의롭게 살아도 조롱합니다. 그러나 이 길이 하나님께서 정하신 길이요 진리의 길이기 때문에 두려움을 갖지 말아야 합니다.

사도 베드로는 두려움을 극복하는 방법을 소개합니다. "너희 마음에 그리스도를 주로 삼아 거룩하게 하라"(벧전 3:15). 우리는 살아가면서 위기를 만나게 됩니다. 그러나 우리 마음에 그리스도를 주로 삼으면, 결코 사람이나 환경을 두려워할 필요가 없습니다.

우리 인간은 언제나 죄인이며 오직 하나님만이 선하신 분이십니다. 우리를 향하신 하나님의 그 선하심은 한이 없으십니다. 우리가 선을 행할 수 있는 것은 선하신 하나님의 은혜를 의지함입니다. 선하신 하나님께서 우리에게 무한한 은혜를 허락하셔서 하나님의 자녀 되게 하셨습니다.

우리가 이 세상에서 할 수 있는 가장 최선의 일은 예수님을 주로 믿는 일입니다. 예수님을 믿는 믿음으로 순종하며 열심을 다해 선하게 이 세상을 살아야 합니다.

2. 선한 양심을 가져야 합니다

본문 16절을 보면 "선한 양심을 가지라"라고 말씀하고 있습니다.

사람은 누구나 다 양심을 가지고 있습니다. 양심은 사람이 하나님 앞에서 어떻게 살아야 하는지 아는 마음을 말합니다. 사람답게 사는 것이 무엇인지, 마땅히 해야 할 도리가 무엇인지 아는 마음을 말합니다. 양심은 하나님의 진리의 빛이 들어오게 하는 창문에 비유할 수 있습니다.

만일 우리가 계속 불순종하면 그 창문은 점점 더러워져 빛이 들어올 수 없게 됩니다. 바로 양심과 마음이 더러워진 상태입니다(딛 1:15). 디모데전서 4장을 보면 양심이 화인 맞아 거짓말하며 하나님 앞에 서 있으면서도 그것을 감지하지 못합니다. 가서는 안 될 길로 접어들었으면서도 깨닫지 못합니다.

그러나 성령으로 거듭나고 은혜로 충만한 성도들에게는 이 양심이 되살아납니다. 그리스도인은 그 선한 양심을 붙잡고, 그 선한 양심을 소중히 간직하며 선한 양심을 따라야 합니다.

3. 고난이 닥쳐와도 이겨내야 합니다

주님께서 열심으로 선을 행하라고 명령하셨습니다. 선을 행하고자 할 때 고난이 있음을 기억해야 합니다. 고난을 견디고 이기지 못하면 선을 행할 수 없기 때문입니다.

우리가 고난을 견디고 이기려면 우선 그리스도를 주인으로 모시고 그분을 본받아야 합니다. 영원한 천국을 바라보고 고난을 이기며 선을 행하는 우리를 칭찬하실 주님을 바라보아야 합니다. 오늘 우리들의 상황 속에서 문제와 어려움만 보는 사람들이 있습니다. 그러나 하나님께서 우리들에게 원하시는 것은 거창한 성취가 아니라 순종입니다. 그러면 그 이후의 일은 하나님께서 책임지시고 행하십니다.

하나님께서 우리에게 관심을 가지고 계십니다. 믿음으로 선한 일을 행하며 사는 우리들을 살펴보시고, 믿음으로 주님을 기쁘시게 하기를 원하는 우리를 보호하시고 인도하셔서 승리케 하십니다.

그 하나님을 바라보며 담대하게 두려움을 이기고 선을 행하면서 사는 청지기가 되어야 합니다.

❊ 학습문제

(1) 여러 가지 시험과 어려움 속에서 선한 일을 하는 청지기가 되려면 무엇이 필요합니까?

답 예수를 마음에 주로 삼고 선한 양심을 가져야 합니다.

(2) 하나님의 사람이 고난과 핍박 가운데서 승리하려면 필요한 것은 무엇입니까?

답 하나님을 바라보며 담대하여 선을 행할 때 승리하게 됩니다.

✲ 기도

하나님, 초대교회 성도들처럼 열심을 다해 선을 행하는 청지기들이 되게 하소서. 세상을 두려워하지 않고 주님 안에서 선한 양심을 가지고 그리스도를 주로 고백하게 하소서. 여러 가지 시험과 핍박 중에서도 낙심하지 않고 담대한 마음으로 하나님을 바라보며 믿음으로 최선을 다하게 하소서. 예수님의 이름으로 기도합니다. 아멘

✲ 중보기도

(1) 선한 양심을 갖고 살아가는 성도들이 되게 하소서.
(2) 고난 속에서도 하나님을 바라보며 승리하게 하소서.

✲ 만남의 준비

사무엘하 7:1~9을 읽고 하나님이 기뻐하시는 사람에 대해 묵상합시다.

✎ memo

13. 하나님이 기뻐하시는 사람

> 성경 : 사무엘하 7:1~9 (외울요절 9절)
> 찬송 : 438, 491(495, 543장)
> 주제 : 하나님은 당신의 마음에 드는 사람을 찾으시고 그를 통해 위대한 일을 이루신다. 모든 그리스도인은 하나님이 기뻐하시는 하나님의 사람이 되기를 힘써야 한다. 다윗을 통해 하나님께서 그를 기뻐하시고 일꾼으로 사용하신 이유를 알고자 한다.

다윗은 하나님이 기뻐하시고 특별히 많이 사랑하신 사람입니다. 그 이유가 무엇입니까?

1. 다윗은 언제나 하나님을 마음으로 생각하며 사랑했습니다

다윗은 왕이 되어 궁전을 건축하고 화려한 궁전에서 살면서 하나님을 생각했습니다. 하나님의 법궤는 저 낮은 천막 속에 있음을 생각하고 나단 선지자를 불러서 성전 건축을 말합니다.

하나님은 이런 다윗의 마음을 매우 기뻐하셨습니다. 다윗은 이렇게 성전을 건축하고 싶은 마음 때문에 복을 받았습니다. 다윗은 하나님의 이름을 높이고 하나님의 이름이 거하는 성전을 지극히 사랑했습니다.

하나님의 성전을 사랑하는 것은 오늘날 주님의 몸 된 교회를 사랑하는 것을 의미합니다. 하나님의 성전을 하나님께서는 내가 살 집 곧 '하나님의 집'이라고 부르십니다.

오늘의 교회는 바로 하나님의 집이며, 하나님의 교회임을 알아야 합니다. 예수님은 "내가 이 반석 위에 내 교회를 세우리니"라고 말씀하셨습니다.

하나님의 집 즉 하나님의 교회를 사랑하며 소중하게 생각하면 우리의 삶이 풍성해집니다. 교회를 소중히 여기면 우리 삶의 궁극적인 목적을 찾고 하나님이 기뻐하시는 삶을 살게 될 것입니다.

2. 다윗은 마음으로 하나님을 사모하고 그 이름을 높였습니다

하나님은 다윗이 주님의 이름을 높였기 때문에 '내가 너의 이름을 높이겠다.'고 하셨습니다.

이름은 단순한 호칭을 넘어 그 사람의 인격을 비롯하여 그 사람의 전부를 함축적으로 사용하는 의미가 있습니다. 다윗은 주님의 이름을 소중히 여깁니다. 그러자 하나님께서 다윗의 이름을 높여 주십니다. 하나님을 향한 소원을 가지고 하나님의 법궤를 안치할 성전을 짓고자 한 다윗을 하나님은 높이시겠다고 하십니다.

다윗은 하나님이 자기를 지으신 창조주이며, 자기는 이스라엘 왕이었지만 자신이 하나님의 영광을 위해 지음받은 존재임을 잊지 않았습니다. 하나님은 그에게 비록 성전 건축을 허락지 않으셨지만 하나님의 영광을 위한 다윗의 마음을 인정하셨습니다. 그리고 그러한 다윗을 존귀케 하시겠다고 하셨습니다.

하나님께서 존귀케 하신 그 다윗의 혈통에서 예수 그리스도가 나셨습니다. 주 하나님을 높이며 주 하나님을 위한 삶을 살면 하나님은 그 이름을 존귀케 만들어 주십니다.

3. 다윗은 하나님을 진심으로 사랑했고 헌신했습니다

다윗은 성전 중심의 신앙인으로 하나님 앞에 있기를 원했고, 하나님 앞에서 살기를 원했고, 하나님 앞에서 은총받기를 원했습니다. 그래서 성전을 지으려고 했습니다. 하나님 앞에서 사는 것이 곧 복입니다. 하나님은 그를 존귀케 하셨습니다.

성경을 보면 예수님을 부를 때에 그 이름 앞에 다윗의 자손이라는 이름을 붙였습니다. 예수님을 부를 때 다윗의 이름을 함께 기억했다고 하는 것입니다.

하나님을 사랑하며 교회를 통해 하나님을 섬기는 것은 그리스도인의 삶에 빠져서는 안 될 부분입니다.

다윗은 하나님의 집을 향한 열정과 사랑이 대단했습니다. 다윗은 하나님을 위해 성전 지을 마음만 먹었습니다. 그런데도 그 마음 하나만으로 승리와 평안의 복을 받았습니다. 하나님께서 친히 다윗을 위해 싸우셔서 언제나 승리케 하시고 그의 나라가 견고케 될 것을 약속하셨습니다.

❋ 학습문제

(1) 하나님께서 다윗을 기뻐하시고, 높이신 이유는 무엇입니까?

답 다윗은 항상 하나님을 사모하고 하나님의 전을 건축할 마음을 가졌기 때문입니다.

(2) 성전을 건축할 마음을 가졌던 다윗에게 하나님께서 무엇을 약속하셨습니까?

답 하나님께서 그를 높이시고 그에게 승리를 주셔서 그의 나라가 견고케 될 것을 약속하셨습니다.

✽ 기도

거룩하신 하나님, 다윗이 항상 하나님을 사모하고 그 이름을 존귀히 여김같이 우리도 하나님을 사모하게 하소서. 성전을 사랑하고 하나님의 교회를 존중하며 충성하며 봉사하게 하소서. 다윗처럼 하나님 앞에서 살게 하시고, 하나님께서 우리 대신 친히 싸우시고 승리케 해 주시는 은혜를 누리게 하소서.

예수님의 이름으로 기도합니다. 아멘

✽ 중보기도

(1) 하나님의 교회를 소중히 여기며 하나님의 이름을 높이는 그리스도인이 되게 하소서.

(2) 오늘날 성도들이 하나님 앞에서 행하며, 승리케 하시는 하나님의 은혜를 입게 하소서.

✽ 만남의 준비

에베소서 1:3~7을 읽고 우리를 자유케 하는 십자가의 은혜를 묵상합시다.

✎ memo

14. 십자가와 완전한 자유

> 성경 : 에베소서 1:3~7(외울요절 7절)
> 찬송 : 154, 150(139, 135)장
> 주제 : 그리스도인이 참된 신앙생활을 하려면 십자가를 바로 이해해야 한다. 그리스도의 십자가는 우리를 세상으로부터 자유하게 하며 미래에 다가올 하나님의 영광에 동참케 하는 것이다.

유명한 설교가 스펄전은 세상을 떠나면서 자신의 신학을 네 단어로 제자들에게 설명합니다. 그것은 '예수님께서 나를 위하여 죽으셨다.'입니다. 그는 "이것이 나의 신학의 전부이다."라고 말했습니다. 갈보리 십자가만이 신앙생활의 중심점입니다.

사도 바울은 말합니다. "내가 그리스도와 함께 십자가에 못 박혔나니 그런즉 이제는 내가 사는 것이 아니요 오직 내 안에 그리스도께서 사시는 것이라"(갈 2:20). 그리스도의 십자가는 자유하게 하는 십자가입니다.

1. 십자가는 하나님의 풍성한 은혜입니다

십자가는 한마디로 하나님의 은혜이며, 은혜란 하나님이 죄인들에게 베푸시는 사랑입니다. 은혜의 핵심은 우리의 노력이나 공로나 자격으로 결코 얻을 수 없는 하나님의 무조건적인 사랑의 선물, 곧 십자가입니다.

　신학자 오든은 "십자가의 은혜는 그리스도인의 삶의 원동력이다." 라고 말했습니다. 하나님의 아들 예수님이 사람의 몸을 입고 이 세상에 오셔서 우리 죄를 담당해 주셨습니다.

　이 세상에 오신 예수 그리스도를 통해서 우리에게 하나님의 풍성한 은혜와 죄 사함을 받는 길이 열렸습니다(엡 1:7).

2. 십자가는 구원의 놀라운 은혜입니다

　예수님은 하늘 보좌를 버리시고 이 세상에 인간의 몸을 입고 오셨습니다. 그리고 우리 죄를 담당하기 위해서 십자가에서 피 흘려 주셨습니다. 의롭고 거룩한 피로 말미암아 우리의 죄를 씻어 주시기로 작정하셨습니다.

　죄의 값은 사망입니다. 영원한 죽음입니다. 영원한 심판이요 영원한 하나님의 진노입니다. 그것을 예수님이 십자가에서 대신 받으시기 위하여 죽으셨습니다. 그 결과 우리에게 속량 즉 구원의 은혜가 주어졌습니다. 속량은 노예를 사서 자유를 주기 위해 돈을 지불하는 것입니다.

　그리스도께서 우리의 죗값을 십자가에서 자신의 생명을 내어 줌으로 지불하셨습니다. 그래서 우리를 죄로부터 자유케 하셨습니다. 이것이 속량입니다. 그 결과 우리의 모든 죄를 용서받는 영광을 누리게 된 것입니다.

3. 십자가는 자녀가 되게 하시는 은혜입니다

　하나님은 우리 죄를 용서하시고 하나님의 자녀가 되게 하셨습니다. "영접하는 자 곧 그 이름을 믿는 자들에게는 하나님의 자녀가 되는 권세를 주셨으니"(요 1:12).

　그리스도 예수를 믿는 자는 하나님의 자녀입니다. 이제 나 같은 죄인이 용서받아 하나님 앞에 의인으로 인정받고, 거룩하고 흠이 없는 하나님의 자녀가 되었음을 생각하며 어떤 상황에서도 기뻐하고 감사하며 찬송해야 합니다.

　하나님의 자녀는 하나님의 집에서 자유롭게 살 수 있습니다. 하나님의 완전한 은혜가 우리를 그분의 영원한 가족으로 부르셨기 때문입니다.

　예수님께서 십자가에서 피 흘려 주신 공로로 예수님의 의가 우리의 의가 되며 우리가 하나님 앞에 죄 없는 자녀로 변하는 것입니다. 예수님의 십자가의 죽음을 보시고 하나님께서는 나를 죄 없는 자로 받으셨습니다.

　이것이 기독교의 복음입니다. 이것은 죽을 때까지 잊어서는 안 되는 은혜입니다. 이 은혜에 날마다 감격하고 찬송하면서 믿음으로 살아야 합니다.

✽ 학습문제

　(1) 죄의 종이었던 우리가 구원을 받고 하나님의 자녀가 될 수 있었던 비결은 무엇입니까?

　답 하나님의 아들이 인간의 몸을 입고 우리의 죄사함을 위해 십자가를 지신 은혜 때문입니다.

　(2) 은혜란 하나님이 죄인들에게 베푸시는 사랑입니다. 은혜의 핵심은 무엇입니까?

　답 죄사함의 십자가입니다.

✱ **기도**

하나님 아버지, 구원받을 수 없는 죄의 종인 우리를 구원하시기 위해 독생자 예수 그리스도를 보내 주심을 감사합니다. 용서받은 하나님의 자녀임을 기억하고 또 다시 죄에 빠지기 않도록 힘쓰며 구원의 기쁜 소식을 온 세상에 전하게 하옵소서.

예수님의 이름으로 기도합니다. 아멘

✱ **중보기도**

(1) 구원의 감격과 기쁨을 잃어버리지 않도록 믿음으로 살게 하소서.
(2) 우리를 구원하신 하나님의 은혜의 복음을 열방에 전파하게 하소서.

✱ **만남의 준비**

요한일서 1:8~10을 읽고 인간의 모든 죄악을 용서하시는 예수님을 묵상합시다.

✎ memo

15. 십자가와 완전한 용서

성경 : 요한일서 1:8~10 (와울요절 9절)
찬송 : 146, 149(146, 147)장
주제 : 인간의 죄는 양심을 괴롭게 하며 마음의 평안을 빼앗아 간다. 인간은 스스로 죄의 문제를 해결할 수 없으나, 십자가에서 피 흘리신 예수 그리스도를 믿는 자는 모든 죄를 용서함받고 하나님의 자녀가 되는 특권을 얻게 된다.

셰익스피어의 4대 비극 가운데「맥베스」가 있습니다. 맥베스는 아내의 말을 듣고 왕을 죽입니다. 그 후로 맥베스는 양심의 가책에 시달리고 아내 역시 죄책감으로 결국 자살을 합니다.

사람에게는 양심이 있습니다. 잘못하면 바로 양심의 고통을 느낍니다. 양심은 자신을 스스로 처벌하려고 합니다. 이런 내적인 고통이 죄의식입니다. 죄의 문제는 인간 스스로 해결할 수 없고 죄책감을 안고 죽는 것이 인간의 운명입니다.

1. 예수 믿고 하나님의 자녀가 되면 죄 용서를 받게 됩니다

인간이 불행한 이유는 죄 때문입니다. 죄가 들어오면 그처럼 사랑했던 사람들이 갈라섭니다. 성경은 로마서 3장에서 "의인은 없나니 하나도 없으며 깨닫는 자도 없다"라고 인간을 고발하고 있습니다. 모든 인간이 죄 아래 갇혀 있습니다. 사람마다 죄의 그 무거움에 눌려 신음하고 고통받고 있습니다.

성경은 죄를 부인하거나 변명하거나 숨기지 말고, 고백하고 예수 그리스도의 십자가의 피로 씻음받으라고 합니다.

"만일 우리가 죄가 없다고 말하면 스스로 속이고 또 진리가 우리 속에 있지 아니할 것이요 만일 우리가 우리 죄를 자백하면 ……우리를 모든 불의에서 깨끗하게 하실 것이요"(요일 1:8~9).

예수님이 십자가에서 죽으신 이유가 무엇입니까? 우리가 평생 가지고 있는 죄성과 어릴 때부터 죽을 때까지 범하는 죄 문제를 해결하기 위해 그분이 십자가에서 죽어 우리의 죗값을 대신 치르시고 우리를 죄의식에서 해방시키시려는 것입니다. 죄의 문제를 십자가에서 단번에 해결하신 예수 그리스도를 믿어야 합니다. 나를 위해 십자가를 지시고 내 죄를 완전히 덮으신 예수 그리스도를 믿어야 합니다.

2. 예수님을 믿으면 그의 피가 우리의 마음을 씻어 줍니다

예수님을 믿으면 그의 피가 우리 마음을 깨끗이 씻어 줍니다.

"하물며 영원하신 성령으로 말미암아 흠 없는 자기를 하나님께 드린 그리스도의 피가 어찌 너희 양심을 죽은 행실에서 깨끗하게 하고 살아계신 하나님을 섬기게 하지 못하겠느냐"(히 9:14).

예수님의 피가 우리의 죄를 씻어 주면 우리 양심이 깨끗해지고 죄 사함을 받아 비로소 하나님을 제대로 섬길 수 있습니다(요일 1:9).

하나님은 반드시 약속을 지키시는 신실한 분입니다. 죄를 회개하면 사하여 주십니다. 이것은 하나님의 법입니다. 잠언 28:13에 "자기의 죄를 숨기는 자는 형통하지 못하나 죄를 자복하고 버리는 자는 불쌍히 여김을 받으리라"라고 하였습니다.

우리는 하나님 앞에 나아가 회개하고 주님께로 돌아서야만 합니다. 우리가 회개하면 많은 사람들이 변화를 받게 되는 것입니다.

3. 용서해 주시는 하나님의 은혜를 믿고 새롭게 살아야 합니다

우리가 죄를 고백하면 하나님이 우리를 용서하십니다. 하나님이 용서하셨으면 우리도 자신을 용서해야 합니다. 하나님이 우리의 죄를 기억하지 않으시고 잊으셨다면 우리도 우리의 죄를 잊고 기억하지 말아야 합니다.

날마다 맑고 깨끗한 마음으로 새 출발을 하면 죄의 습관들이 점점 사라지고 하나님의 말씀을 지키며 우리의 양심이 깨끗해집니다. 베드로와 사도 바울도 깨끗한 양심을 가지라고 했습니다. 양심이 깨끗해지고 죄의식이 사라지면 마음에 평화가 옵니다.

우리가 죄를 고백할 때마다 용서해 주시는 하나님께 감사하고 기뻐하면서 마음이 평화로 가득 찬 새로운 삶을 살아야 합니다. 동이 서에서 먼 것같이 깨끗이 씻겨 주시며 용서하시는 십자가의 은혜로 하나님 아버지를 다시 만나야 합니다.

하나님의 자녀의 첫 번째 특권은 죄 용서받는 것입니다.

✱ 학습문제

(1) 인간이 불행한 이유와 불행을 해결하는 길은 무엇입니까?

답 죄를 범하여 하나님을 떠났기 때문으로써, 십자가를 의지하여 하나님께 돌아가야 합니다.

(2) 죄를 용서하시는 은혜를 생각할 때 우리가 하나님 앞에 보일 반응은 무엇입니까?

답 모든 죄를 잊으시는 하나님을 믿고 기뻐하고 감사하는 것입니다.

✽ 기도

거룩하신 하나님 아버지, 죄를 지어 하나님께 나갈 수 없는 우리 죄인을 십자가의 보혈로 용서하시고 자녀로 받아 주심을 감사합니다. 우리를 자녀로 받으시고 용서하시는 크신 하나님의 사랑을 전하며 하나님의 자녀로 살게 하옵소서.

예수님의 이름으로 기도합니다. 아멘

✽ 중보기도

(1) 날로 죄악이 번성하는 시대 가운데 이 민족과 교회를 지켜 주옵소서.

(2) 하나님을 거역하는 이 시대 속에서 십자가의 복음을 붙들고 살게 하옵소서.

✽ 만남의 준비

요한복음 14:26~27을 읽고 십자가의 고난 중에도 평안하셨던 주님을 묵상합시다.

✎ memo

16. 십자가와 완전한 평안

성경 : 요한복음 14:26~27(외울요절 27절)
찬송 : 144, 143(144, 141)장
주제 : 예수님은 세상이 줄 수 없는 평안을 주신다. 한 치 앞을 내다볼 수 없는 위기 속에서도 인간의 이해를 초월하시는 예수님의 평안을 누릴 수 있다. 우리를 위해 십자가의 길을 걸어가신 주님의 평안을 품으면 절대적인 평안을 얻게 된다.

    십자가의 고통을 앞에 두고 계셨던 예수님은 시시각각 다가오는 십자가를 바라보시며 평안을 말씀하십니다. '평안'은 헬라어로 '에이레네', 히브리말로 '샬롬'이라고 합니다. 이 평안은 하나님이 주시는 완전한 것이며 예수님 안에서 받을 수 있는 선물이요 놀라운 은혜입니다. 예수님께서 십자가의 모든 고난과 고통을 이기시고 주시는 참된 평안을 안다면 어떤 고난과 문제 속에서도 기뻐할 수 있습니다.

1. 예수님은 하나님의 평안을 우리에게 주십니다

    예수님은 곧 체포되어 십자가를 지셔야 할 순간에 있었습니다. 예수님은 죽음을 눈앞에 두고 말할 수 없는 큰 고난과 능욕의 그 순간에 "나의 평안을 너희에게 준다"라고 말씀하셨습니다.
    예수님의 평안은 하나님이 주시는 절대적인 것입니다. 예수님은

"내가 너희에게 주는 평안은 세상이 주는 것과 다르다"라고 말씀하셨습니다.

예수님은 육신이 되신 하나님이신 말씀입니다. "말씀이 육신이 되어 우리 가운데 거하시매 우리가 그의 영광을 보니 아버지의 독생자의 영광이요 은혜와 진리가 충만하더라"(요 1:14).

그러므로 예수님을 바라보는 것이 중요합니다. 주님을 바라보면 점점 주님의 모습으로 변해 은혜와 진리로 충만해 집니다. 우리가 참 평안이신 주님을 바라보면 주님께서 우리의 생명과 능력이 되어 주십니다. 세상만 바라보면 두렵고 불안합니다. 그러나 하나님은 오직 평안을 주십니다.

2. 예수님은 세상의 모든 어둠의 권세를 이기십니다

예수님은 십자가를 앞에 두시고 세상 임금이 온다고 말씀하셨습니다. 가야바 대제사장에게 넘겨지시고 빌라도 총독의 재판을 받으시고 로마 군인에게 넘겨져 십자가에 죽으실 것입니다. 그러나 이 모든 것은 인간을 구원하시기 위해 보여 주시는 하나님의 사랑이고, 예수님은 이에 순종하시는 것입니다.

이 모든 구원의 사역을 마치시고 예수님은 하나님 아버지께로 가시기에 오히려 기뻐하시며 평안하실 수 있었습니다. '만왕의 왕' 예수님께서 악한 자들에게 뺨을 맞고 채찍에 맞고 가시관을 쓰고 옷 벗기우고 십자가를 지고 죽으셨습니다.

이 모든 일이 일어난 것은 하나님이 무능하시거나 마귀가 능력이 많아서 된 일이 아닙니다. 예수님은 스스로 자신을 내어 주신 것이지 마귀에게 당하신 것이 아닙니다.

예수님이 아버지 하나님을 사랑하시고 순종하셨기에 인류를 위한 대속물로 당신을 내어 주신 것입니다.

3. 예수님은 모든 두려움을 이기고 평안을 주십니다

하나님이 우리에게 주시는 것은 두려워하는 마음이 아니라 평안입니다. 그러므로 오히려 어떤 상황 속에서도 믿음으로 승리하게 됩니다. 예수님께서는 십자가를 지시기 전에 제자들에게 "두려워하지 말라"라고 말씀하셨습니다.

이 말씀을 하신 이유가 있었습니다.

하나님의 뜻을 깨닫고 나면 예수님께서 하나님께로 가는 것이 오히려 기쁜 일이라는 것입니다(요 14:27~29).

그리스도인이 세상에 살면서 환난을 당한다는 건 기정사실입니다. 그러나 그리스도인은 언제나 예수님 안에서 마음에 평안을 가져야 합니다. 성경은 종말이 되면 자연이 파괴되고 악이 번성하여 하나님의 자녀와 교회를 핍박할 것을 말하고 있습니다. 그러나 그리스도인은 하나님의 말씀을 더욱 묵상하며 평안을 누리며 믿음으로 승리하여야 합니다. 예수님의 승리는 영원한 승리이기 때문입니다.

✱ 학습문제

(1) 그리스도인들이 세상에서 평안할 수 있는 이유는 무엇입니까?

答 예수님께서 십자가의 고난을 이기시고 참된 승리를 주셨기 때문입니다.

(2) 예수님께서 십자가의 고난을 받으신 이유는 무엇입니까?

答 그리스도인들이 하나님 안에서 세상의 고난을 이기게 하시기 위함입니다.

✱ 기도

 거룩하신 하나님, 세상에서 예기치 못한 고난과 어려움을 당할 때가 많습니다. 이런 때 십자가를 지시기 전 우리에게 하나님의 평안을 주신 예수님을 바라보게 하소서. 예수님께서 우리를 구원하시기 위해 십자가를 지시고 승리하신 일을 늘 기억하며 하나님 안에 살아가는 믿음의 사람들이 되게 하소서. 예수님의 이름으로 기도합니다. 아멘

✱ 중보기도

 (1) 여러 가지 시험과 고통 속에서 주님이 주신 평안을 경험하는 성도들이 되게 하소서.
 (2) 악한 세상 속에서도 더욱 거룩하며 담대한 믿음으로 무장하는 교회가 되게 하소서.

✱ 만남의 준비

 골로새서 2:14~15을 읽고 십자가에서 승리하신 그리스도를 묵상합시다.

✎ memo

17. 십자가와 완전한 승리

> 성경 : 골로새서 2:14~15(외울요절 15절)
> 찬송 : 167, 160(157, 150) 장
> 주제 : 성경 전체에 흐르고 있는 주제는 십자가이다. 초대교회 사도들이 전한 메시지의 중심도 바로 십자가이다. 예수님의 가르치심과 선행과 치유와 기적은 놀라운 일이다. 그러나 예수님의 사역의 핵심은 십자가, 부활, 재림에 있으며 이것이 교회의 생명이고 핵심이다.

그리스도인은 십자가를 승리의 십자가로 보며 십자가로 승리하는 사람입니다. 예수님의 십자가의 승리와 부활을 믿고 따르는 자들이 그리스도인입니다. 인간은 자신의 옳은 행위로 의로워질 수 없습니다. 예수님이 십자가에서 이루신 일로 의로워집니다. 예수님의 십자가의 능력을 믿는 믿음이 이기게 합니다.

1. 예수 그리스도의 십자가의 승리가 중요합니다

성도들 중에서도 이단에 쉽게 넘어가는 자가 많습니다. 이단에 넘어가지 않으려면 항상 예수님을 바라보아야 합니다. 하나님과의 바른 관계를 유지하려면 오직 예수 그리스도를 통해야 합니다.

하나님과 사람 사이의 중보는 오직 사람이 되신 예수님 한 분입니다. 예수님을 유일한 중보자로 모셔야 흔들림 없이 신앙생활을 할 수 있습니다.

　예수님은 겟세마네 동산에서 십자가의 고난을 준비하며 기도하셨고 머리에 가시 면류관을 쓰시고 우리를 구원에 이르게 하신 것입니다. 주님이 잔인한 채찍이 맞으신 것은 우리의 나음을 위해서입니다. 주님께서 골고다에서 십자가에 못 박히시고 고난받으신 것은 우리의 죄를 사하시기 위해서였습니다.

　그리스도인은 날마다 예수님만 믿고 따르며 그 안에 거할 때 죄 용서함을 받고 새 생명을 얻게 됩니다. 주님을 믿기 전 죄의 노예였던 우리를 살리시기 위해 예수님은 부활하시고 다시 살아나신 것입니다.

2. 예수님의 부활의 승리를 기억해야 합니다

　하나님께서는 우리를 예수 그리스도와 함께 살려 주셨습니다. 우리가 받은 부활의 생명은 예수 그리스도의 부활하신 새 생명과 같은 것입니다.

　왜냐하면 하나님께서 우리를 살리실 때 예수 그리스도와 함께 살리셨기 때문입니다. 우리를 죄인이라고 하던 율법의 고발과 정죄는 이제 십자가의 대속을 통하여 깨끗이 해결됨으로써 우리는 율법으로부터 어떤 경고나 저주를 받지 않게 된 것입니다.

　마귀는 율법을 사용해서 우리에게 죄책감을 심어 주고 우리와 하나님 사이를 벌려 놓습니다. 그러나 예수님이 율법을 십자가에 못 박으시고 부활하신 진리를 알아야 합니다. 구약의 율법이 예수님의 십자가에 못 박힌 순간 마귀들은 우리 성도를 공격할 수 없습니다.

　마귀는 오늘날 그리스도인들을 율법으로 비난하거나 비판할 수 없습니다. 예수 그리스도께서 십자가에서 죽으시고 부활하셨기 때문입니다. 예수님이 십자가에서 모든 죗값을 치르시고 부활하셨음을 늘 기억해야 합니다.

3. 예수님의 부활의 복음을 선포해야 합니다

모든 사람은 하나님 앞에 죄인입니다. 즉 인간은 죄인이며 주님의 구원이 필요합니다. 예수 그리스도의 십자가와 부활이 우리를 살리십니다. 십자가에서 예전의 우리는 죽고, 그리스도 안에서 은혜로 다시금 새로운 피조물로 살아가기 때문입니다.

하나님의 은혜 가운데서 우리는 이전의 자신을 버리고 주님의 십자가와 부활을 통해 온전한 승리를 경험합니다. 그리스도인은 항상 하나님의 은혜를 붙들고 십자가와 부활의 감격 속에 새롭게 삽니다.

은혜와 부활 복음의 새 언약에 굳게 서 있으면 그리스도 안에서 절대적인 자신감과 안정감이 있습니다. 자신의 성과가 아닌 예수님의 은혜를 믿을 때 우리는 든든히 서게 됩니다.

하나님은 십자가를 통해 우리를 있는 그대로 받아 주십니다. 예수님께서 십자가에서 모든 것을 이루시고 부활하셨기 때문입니다. 이제 그리스도인은 은혜의 복음 곧 십자가의 완전한 승리를 믿고 선포하며 살아야 합니다.

✱ 학습문제

(1) 우리에게 십자가의 복음이 필요한 이유는 무엇입니까?

답 예수 그리스도께서 우리의 모든 죗값을 십자가에서 치르셨기 때문입니다.

(2) 우리가 부활의 복음을 선포할 수 있는 비결은 무엇입니까?

답 예수님이 십자가에서 완전한 승리를 이루셨기 때문입니다.

✽ 기도

 사랑이 많으신 하나님 아버지, 우리를 죄와 저주에서 구원하시기 위해 예수님을 십자가에 못 박고 사흘만에 부활하게 하심을 감사합니다. 예수님의 부활 승리의 의미를 항상 기억하게 하옵소서. 율법의 모든 저주와 원수 마귀의 고발을 부활의 복음으로 물리치며 주님 안에서 항상 새롭게 살아가게 하소서.
 예수님의 이름으로 기도합니다. 아멘

✽ 중보기도

 (1) 수많은 이단의 공격을 십자가와 부활의 복음으로 이기는 성도가 되게 하소서.
 (2) 세상을 향해 은혜의 십자가와 부활의 승리를 선포하는 교회가 되게 하소서.

✽ 만남의 준비

 요한복음 2:1~11을 읽고 바른 자녀교육에 대해 생각해 봅시다.

✎ memo

18. 마리아, 이렇게 자녀를 교육했다

성경 : 요한복음 2:1~11(외울요절 11절)
찬송 : 199, 200(234, 235)장
주제 : 마리아는 하나님의 말씀을 염두에 두고 아들 예수를 양육했다.

성경에 등장하는 사라, 리브가, 라헬, 한나, 에스더, 나오미, 룻을 통해 본받고 도전받아야 할 부분이 있듯이 마리아를 통해서도 우리가 도전받아야 할 부분, 본받아야 할 부분이 분명 있습니다.

이 세상에서 자녀교육을 가장 잘한 사람은 마리아입니다.

예수님은 하나님의 아들이십니다. 말씀이 육신이 되어 우리 가운데 거하신 그분은 시간과 공간의 제약을 받으셨습니다(요 1:14). 예수님도 우리와 똑같은 성장 과정을 밟으셨습니다.

이 예수님에게 가장 큰 영향을 끼친 이는 누구일까요?

1. 마리아의 자녀교육

마리아는 자녀교육을 어떻게 했을까요?

갈릴리 가나 혼인잔치에는 예수의 어머니도 계셨고, 예수와 제자들도 청함을 받았습니다. 그런데 포도주가 떨어졌습니다. 갑자기 예기치 못한 일이 터진 것입니다.

많은 사람들이 강 건너 불 보듯 하고 있었던 바로 그때 마리아는 어떻게 합니까? 마치 내 일처럼 소매를 걷고 나서서 '저들에게 포도주가 없다'고 아들 예수에게 말합니다. 이것은 어려움에 처한 이웃의 고통을 외면하지 말라는 가르침입니다. 마리아는 지금 자녀교육을 하고 있습니다. 이 가르침이 예수님의 전 생애를 지배했습니다.

예수님은 건강, 평안, 물질 등 이런저런 종류의 포도주가 떨어진 자들을 외면하지 않고, 저들에게 다가가 떨어진 포도주를 맛있는 포도주로 바꿔 주는 일에 일생을 헌신하셨습니다.

2. 아들 예수를 주목했던 마리아

마리아가 아들 예수에게 '저들에게 포도주가 없다'고 했습니다. 그러자 예수님이 "여자여 나와 무슨 상관이 있나이까 내 때가 아직 이르지 아니하였나이다"(요 2:4)라는 반응을 보이셨습니다.

분명 퉁명스러운 말투였지만 마리아는 조금도 언짢아하지 않고, 하인들에게 "너희에게 무슨 말씀을 하시든지 그대로 하라"(요 2:5)라고 말합니다.

"예수께서 이 첫 표적을 갈릴리 가나에서 행하여 그의 영광을 나타내시매 제자들이 그를 믿으니라"(요 2:11)라는 말씀을 통해 예수님께서 지금까지 단 한번도 그 어떤 기적을 베푸신 적이 없었음을 알 수 있습니다. 그런데 왜 마리아는 포도주가 떨어진 이 문제를 예수님이 해결하실 수 있다고 확신했을까요?

성경은 마리아가 아들 예수를 주목하고 있음을 말하고 있습니다. "그 어머니는 이 모든 말을 마음에 두니라"(눅 2:51).

'이 모든 말'은 열두 살 예수님이 하신 말씀(눅 2:49)뿐만 아니라 예수님에 대한 가브리엘 천사의 말까지도 포함되어 있습니다. "그가 큰 자가 되고 지극히 높으신 이의 아들이라 일컬어질 것이요 주 하나님께서 그 조상 다윗의 왕위를 그에게 주시리니"(눅 1:32). "나실 바 거룩한 이는 하나님의 아들이라 일컬어지리라"(눅 1:35).

마리아는 하나님이 예수를 이 땅에 보내셔서 어떤 일을 하도록 하실지, 그의 은사와 재능이 무엇이며, 어떤 길로 가도록 인도해야 할지를 유심히 살피며, 아들 예수를 주목했다는 것입니다.

아들 예수의 등을 떠밀어 그 길에 세우는 것입니다. 그 길은 십자가의 길입니다. 마리아는 사랑하는 아들이 주저하여 뒤로 미루지 말고, 지금 시작하고, 지금 가라는 것입니다. 그래서 십자가 밑의 어머니 마리아는 도무지 말이 없습니다. 그저 묵묵히 십자가의 길을 걸어가고 있는 아들을 응원하고 있었던 것입니다.

여러분! 하나님께서 자녀에게 주신 은사를 부모가 잘 캐치하여 그 길을 가도록 기도해 주고, 격려해 주어야 합니다. 어려운 사람들을 돕는 데 자녀들이 관심을 갖도록 본을 보이십시오.

또한 자녀의 은사를 발견하고, 하나님이 원하시는 그 길로 자녀들이 걸어갈 수 있도록 이끄십시오. 그때에 그 자녀는 훌륭한 자녀가 되며, 부모 역시 존경받는 부모가 될 것입니다. 이 은혜가 우리 모두에게 넘칠 수 있기를 바랍니다.

❋ 학습문제

(1) 마리아가 아들 예수에게 '저들에게 포도주가 없다.'고 한 것은 무슨 뜻입니까?

답 어려움에 처한 이웃의 고통을 외면하지 말라는 것입니다.

(2) 우리가 자녀를 키울 때 유의해야 할 부분은 무엇일까요?

답 하나님께서 자녀에게 주신 은사가 무엇인지를 발견하여 자녀가 하나님께서 원하시는 그 길로 가도록 잘 인도해 주어야 합니다.

✽ 기도

하나님 아버지, 우리에게 자녀 주심을 감사드립니다. 그 자녀들을 하나님의 말씀대로 잘 양육하여 하나님나라 확장과 하나님의 영광을 위한 도구로 온전히 쓰임받게 하는 부모가 되게 하옵소서.

예수님의 이름으로 기도드립니다. 아멘

✽ 중보기도

(1) 자녀들이 어려운 사람들을 돕는 일에 관심을 갖는 주님의 도구가 되게 하옵소서.

(2) 자녀들이 하나님의 은사를 발견하고, 하나님이 원하시는 길을 걷게 하옵소서.

✽ 만남의 준비

여호수아 19:49~51을 읽고, 여호수아가 왜 아버지의 이름을 언급했는지 생각해 봅시다.

✎ memo

19. 아버지, 제가 '눈의 아들'입니다

> 성경 : 여호수아 19:49~51(외울요절 51절)
> 찬송 : 569, 570(442, 453)장
> 주제 : 여호수아는 자신이 아버지 '눈'의 아들임을 자랑스럽게 여겼다.

이스라엘이 가나안 정복 전쟁과 땅을 분배하는 일을 여호수아의 주도 아래 깔끔하게 마쳤던 데는 중요한 이유가 있었습니다. 여호수아는 다른 지파들에게 먼저 기회를 주어 저들이 고르고 난 뒤, 제일 마지막 남은 찌꺼기 땅을 갖습니다.

여호수아도 우리와 똑같은 성정을 가진 사람인데, 가정도 있고, 이제 노후 걱정을 하지 않으면 안 되는 그런 나이인데, 어떻게 이런 태도를 취했을까요?

1. '눈의 아들' 여호수아

많은 경우 여호수아를 '눈의 아들'이라고 소개합니다. 갈렙을 여분네의 아들(민 13:6), 이삭을 아브라함의 아들(창 25:19), 다윗을 이새의 아들(행 13:22), 예수님을 아브라함과 다윗의 자손(마 1:1)이라고 소개합니다. 이런 소개는 그 사람이 맨 처음 등장할 때, 무엇보다 그가 무명일 때, 그것도 한두 번에 그칩니다.

그런데 여호수아의 경우는 계속하여 '눈의 아들'입니다. 이는 여호수아가 자신을 '눈의 아들'이라고 소개하기를 즐겨했다는 뜻입니다.

그가 늙어서 죽을 때까지도 여전히 '눈의 아들'(수 24:29)이었습니다.

아버지가 유명 인사였기 때문일까요? 학자들이 겨우 알아낸 것은 '눈'이 '생선'이란 정도입니다. 그래서 생선이 팔딱팔딱 뛰니까 '생명'이라고 해석합니다. 이것도 억지로 꿰맞춘 느낌마저 듭니다. 히브리어 '눈'의 글자 모양이 '물고기'를 닮아서 그렇다고 보기 때문입니다.

2. 여호수아는 왜 아버지의 이름을 언급했을까요?

분명한 것은 '눈'은 별 볼 일 없는 사람이었습니다. 그런데 여호수아를 소개할 때마다 이런 아버지를 언급하는 이유는 무엇일까요? '눈의 아들 여호수아', 이 표현을 면밀히 살펴나가는데, 그 과정에서 놀라운 사실을 발견하게 됩니다. 그것은 여호수아가 믿음에 근거해 어떤 결단, 명령, 희생이 요구되는 현장에서는 언제나 '눈의 아들'이었다는 사실입니다.

모세는 진으로 돌아오나 여호수아가 회막을 떠나지 않을 때(출 33:11), 하나님께 처음 부르심을 받을 때(수 1:1), 지도자가 되어 처음 명령을 내릴 때(수 2:1), 전무후무한 요단강 도하 이후 여리고성의 함락을 눈앞에 놓고 있을 때(수 6:6), 땅 분배라는 중요한 문제 앞에 있을 때(수 14:1), '눈의 아들 여호수아'라고 하였습니다.

그리고 피날레는 오늘 본문입니다. 이 '눈의 아들'이란 표현이 어떤 단어와 연관되어 언급되고 있습니까? '땅을 나누다.'(수 19:49), '땅을 나누는 일'(수 19:51)이란 '희생, 양보'와 긴밀히 연결되어 언급됩니다.

그의 아버지 '눈'은 사실 별 볼 일 없는 사람이었지만 아들 여호수

사랑으로 하나 되는 가정의 달(5월) 89

아에게 지대한 영향을 끼쳤다는 것입니다. 여호수아가 믿음으로 나아가야 했을 때, 자기 자신을 희생하고, 다른 사람들에게 양보해야 했을 그때, 그 태도와 습관을 아버지로부터 이어받았고, 영향을 입었다는 뜻입니다.

그의 아버지 '눈'은 그 어떤 업적, 내로라하는 이름도 남기지 못했지만 아들 여호수아를 반듯하게 키웠습니다. 그에게 하나님의 자녀가 가져야 할 자세를 몸소 가르쳤습니다. 아들 여호수아는 나이 많아 늙어 죽을 때까지 그에게 영향을 받았습니다.

그러므로 여호수아는 이 본문의 행간을 통해 이렇게 고백하는 것입니다. "아버지, 제가 '눈의 아들'입니다." "아버지, 제가 아버지 아들입니다."

우리의 자녀들은 오늘 우리를 어떤 모습으로 바라보고 있으며, 자녀들의 뇌리에는 부모인 우리가 어떤 모습으로 각인되어 있을까요?

비록 부모의 삶이 화려하지는 않으나, '내 아버지, 내 어머니입니다'라고 자녀들이 고백할 수만 있다면, 그 부모의 삶은 의미 있는 삶이 아닌가 생각합니다.

우리 모두 그런 부모가 될 수 있기를 바랍니다.

※ **학습문제**

(1) 여호수아가 자신을 소개할 때 앞에 붙는 수식어는 무엇입니까?
답 '눈의 아들'입니다.
(2) 여호수아가 아버지의 이름을 자주 언급한 것은 어떤 의미를 갖고 있습니까?
답 아버지로부터 선한 영향력을 받았음을 의미합니다.

✽ 기도

하나님, 세상에서 바라보기에 좋은 부모가 되기 힘쓰기보다 자녀들에게 믿음의 선한 영향력을 미칠 수 있는 부모가 되기를 원합니다. 여호수아의 아버지 '눈'처럼 유명하지는 않지만, 영향력 있는 부모로 살게 하여 주옵소서. 예수님의 이름으로 기도드립니다. 아멘

✽ 중보기도

(1) 여호수아의 아버지 '눈'처럼 영향력 있는 부모가 되게 하소서.
(2) 자녀들에게 믿음의 선한 영향력을 끼치는 부모가 되게 하여 주옵소서.

✽ 만남의 준비

요한복음 9:13~22을 읽고, 과연 예수님은 불효자이셨는지 생각해 봅시다.

✎ memo

20. 예수님은 불효자이셨나?

> 성경 : 요한복음 9:13~22(외울요절 14절)
> 찬송 : 559, 218(305, 369)장
> 주제 : 부모공경과 하나님공경은 서로 충돌하지 않는다.

성경은 부모공경에 대해 뭐라고 말씀하십니까? "너는 네 하나님 여호와께서 명령한 대로 네 부모를 공경하라 그리하면 네 하나님 여호와가 네게 준 땅에서 네 생명이 길고 복을 누리리라"(신 5:16). 십계명 또한 부모공경에 대해 대단히 중요하게 언급합니다(출 20:12).

그러나 예수님께서는 부모공경에 대해 크게 강조하시지는 않은 것 같습니다. 그 이유가 무엇일까요? 제목처럼 주님이 '불효자'이셨단 말인가요?

1. 당시 사람들의 어긋난 효도

예수님 당시 유대인들, 특히 바리새인들은 스스로 하나님 말씀을 잘 지킨다고 생각했고, 가장 중요하게 생각한 율법은 '안식일제도'이었습니다. 결국 안식일을 잘 지키는 자는 하나님을 잘 공경하는 자라는 결론을 도출해 냈습니다.

오늘 본문도 같은 맥락입니다. 주님이 안식일에 맹인의 눈을 뜨게해 주셨습니다(요 9:14). 안식일 법을 가장 중요하게 생각하는 바리새인들의 눈에 살기가 돌기 시작했습니다. 예수님이 딱 걸려들었기 때문입니다(요 9:16).
　저들은 이 호재를 결코 놓치지 않고, 확대시키기 시작합니다. 눈 뜬 맹인이 저들에게 물었습니다. "당신들도 그의 제자가 되려 하나이까?"(요 9:27). 그러자 저들이 발끈했습니다. "너는 그의 제자이나 우리는 모세의 제자라"(요 9:28). 저들이 그만큼 모세의 율법을 잘 알고, 잘 지키고 있다는 말인데 과연 그러했을까요?
　당시 바리새인들에게는 '고르반'이 부모에 대한 의무를 게을리하는 핑계가 되었습니다. 이 '고르반'이란 말은 어떤 물건을 하나님께 예물로 바쳐서 그 물건을 다른 사람이 사용하지 못하도록 하는 일종의 서약문입니다. 좋은 취지인데 이 고르반을 저들은 부모공경에까지 적용했습니다.
　'하나님께 먼저 드리고, 충성, 헌신, 봉사하다 보니 어쩔 수 없이 부모님께 소홀할 수밖에 없었다.'는 것입니다.
　주님은 저들의 이 같은 행동에 대해 하나님 말씀을 폐하는 아주 잘못된 태도라고 지적하십니다(막 7:13). 바리새인들은 안식일을 잘 지키는 것이 곧 하나님을 잘 공경하는 것이라고 생각했는데 예수님은 안식일을 지키지 않으니 하나님을 공경하지 않는 불효자이며, '하나님께로부터 온 자'(요 9:16)가 아니라고 했습니다. 즉 하나님의 아들도 아니라는 논리를 펴고 있는 것입니다.

2. 부모공경에 대한 예수님의 입장

　주님은 부모공경에 대해 어떤 입장이셨을까요?
　첫째, '핑계를 대지 말라.' 부모공경에 있어서 이런저런 핑계는 있을 수 없습니다. 심지어 하나님을 핑계로 삼아서도 안 됩니다.

둘째, '하나님을 섬기는 마음으로 하라.' "누구든지 하나님을 사랑하노라 하고 그 형제를 미워하면 이는 거짓말하는 자니 보는 바 그 형제(부모)를 사랑하지 아니하는 자는 보지 못하는 바 하나님을 사랑할 수 없느니라"(요일 4:20). 보는 바 그 부모를 공경하지 않는 자가 보지 못하는 바 하나님을 공경할 수 없습니다.

셋째, '부모공경과 하나님공경은 충돌을 일으키지 않는다.' 먼저, 주님은 육신의 부모를 순종하여 받드셨습니다(눅 2:51). 뿐만 아니라 주님은 영적 아버지인 하나님도 최선을 다해 잘 공경하셨습니다. "나의 양식은 나를 보내신 이의 뜻을 행하며 그의 일을 온전히 이루는 이것이니라"(요 4:34).

이 주님께서 마지막 삶을 마무리하시면서 "아버지께서 내게 하라고 주신 일을 내가 이루어 아버지를 이 세상에서 영화롭게 하였사오니"(요 17:4)라는 기도를 드리셨습니다.

여러분! 성경은 부모공경에 대해 어떤 조건을 달지 않습니다. 우리들도 어떤 이유나 조건을 달아서는 안 됩니다. 부모님께서 살아계실 때 최선을 다해 공경하는 우리 모두가 될 수 있기를 바랍니다.

❊ 학습문제

(1) 바리새인들이 부모공경에 적용한 '고르반'은 어떤 의미를 담고 있습니까?

답 하나님께 먼저 드리고, 충성, 헌신, 봉사하다 보니 어쩔 수 없이 부모님께 소홀할 수밖에 없었다는 것입니다.

(2) 부모공경에 대한 예수님의 세 가지 입장은 무엇입니까?

답 첫째, 핑계를 대지 말라. 둘째, 하나님을 섬기는 마음으로 하라. 셋째, 부모공경과 하나님공경은 충돌하지 않는다.

✽ 기도

하나님 아버지, 하나님을 공경하면서 또한 육신의 부모도 잘 공경하는 자녀들 되기를 원합니다. 예수님께서 그렇게 하셨듯이 우리도 부모공경에 최선을 다하는 신실한 자녀로 살아가게 하여 주옵소서.

예수님의 이름으로 기도드립니다. 아멘

✽ 중보기도

(1) 하나님을 섬긴다는 핑계로 부모공경에 소홀하지 않게 하여 주옵소서.

(2) 예수님처럼 하나님공경과 부모공경에 힘쓰는 자 되게 하여 주옵소서.

✽ 만남의 준비

요한복음 2:1~5을 읽고, 예수님께서 시간 배분을 어떻게 하셨는지 생각해 봅시다.

✎ memo

21. 예수님의 시간 배분

> 성경 : 요한복음 2:1~5(외울요절 5절)
> 찬송 : 275, 579(333, 304)장
> 주제 : 예수님은 33년간 이 땅의 삶에서 어떻게 시간 배분을 하셨는지 살펴본다.

"네 부모를 공경하라 그리하면 네 하나님 여호와가 네게 준 땅에서 네 생명이 길리라"(출 20:12). "너를 낳은 아비에게 청종하고 네 늙은 어미를 경히 여기지 말지니라"(잠 23:22). "네 부모를 즐겁게 하며 너를 낳은 어미를 기쁘게 하라"(잠 23:25).

이 말씀을 우리에게 하신 하나님이 인간의 몸을 입으시고 친히 이 땅에 오셨습니다. 예수님, 그분은 어떻게 부모공경을 하셨을까요? 무엇보다 시간 배분을 어떻게 하셨을까요?

1. 어머니에게 순종하신 예수님

갈릴리 가나 혼인집에 포도주가 떨어지는 예기치 못한 사건이 터졌습니다. 그때 예수의 어머니가 예수께 다가와 "저들에게 포도주가 없다"(요 2:3)라고 말하자, 예수님은 "여자여 나와 무슨 상관이 있나이까 내 때가 아직 이르지 아니하였나이다"(요 2:4)라고 무척이나 무뚝뚝하고 퉁명스럽게 반응하셨습니다. 그 이유는 '때' 때문입니다.

무엇보다 주님은 '때'에 민감하게 반응하셨습니다(마 4:17, 23:39,

26:18, 45, 요 17:1). 그런데 '내 때가 아직 이르지 아니하였다'는 아들의 말을 들었음에도 불구하고 어머니 마리아가 물러서지 않고, 뜻을 굽히지 않습니다(요 2:5). 그러자 주님은 분명 때가 아니라고 하셨지만 놀랍게도 움직이셨습니다. 이 예수님의 액션을 예수님의 순종에서 찾아야 합니다.

예수님이 열두 살 되셨을 때입니다(눅 2:42). 유월절에 아이 예수는 그 부모와 함께 예루살렘에 올라가셨습니다. 그런데 부모는 예수가 예루살렘에 머무신 줄을 알지 못하고 돌아가던 중에 예수가 없는 것을 알고 이리저리 찾다가 사흘 후, 성전에서 예수가 선생들과 함께 앉아 있는 것을 발견합니다.

그래서 어머니 마리아가 왜 그렇게 했느냐고 하자 열두 살 된 아이 예수는 "어찌하여 나를 찾으셨나이까 내가 내 아버지 집에 있어야 될 줄을 알지 못하셨나이까"(눅 2:49)라고 하였습니다.

그런데 그 예수님이 그곳 성전에 머무셨습니까? 그곳에 머물겠다고 계속 고집을 피우셨습니까? 아닙니다. "예수께서 함께 내려가사 나사렛에 이르러 순종하여 받드시더라"(눅 2:51). 언제까지 그 부모를 받들어 섬기시고, 부모의 뜻에 순종하셨을까요? 부모를 향한 예수님의 '순종'이 혼인 잔칫집까지 이어지고 있습니다.

2. 육신의 부모를 섬기는 데 많은 시간을 배분하셨다

예수님은 33년 생애를 땅 위에 머무셨습니다. 그런데 그분이 시간 배분을 어떻게 하셨습니까?

30년은 육신의 부모님을 섬기며, 순종하는 일에 사용하셨고(눅 3:23), 공생애를 위해서는 3년의 시간을 사용하셨습니다. 그야말로 30대 3의 시간 배분입니다.

이는 무엇을 의미할까요?

뭔가 우리에게 본을 보이시려고 하시는 것입니다. "그리스도도 너희를 위하여 고난을 받으사 너희에게 본을 끼쳐 그 자취를 따라오게 하려 하셨느니라"(벧전 2:21).

보이는 부모를 섬기지 않는 자가 보이지 않는 하나님을 섬길 수 없다는 뜻입니다. 부모는 하나님의 그림자입니다. "너희 각 사람은 부모를 경외하고 나의 안식일을 지키라 나는 너희의 하나님 여호와이니라"(레 19:3).

송강 정철은 "어버이 살아실제 섬길 일란 다하여라. 지나간 후이면 애닯다 어찌하리. 평생에 고쳐 못할 일이 이뿐인가 하노라."라고 하였습니다. 여러분의 부모님은 안녕하십니까? 살아계십니까? 지금 어디 계십니까?

예수님께서는 하늘영광을 버리시고 이 땅에 무엇을 위하여 오셨는지 잘 알고 계셨지만, 어머니를 봉양하기 위하여 30년을 그분께 드렸습니다. 그리고 나머지 3년의 세월을 그가 진정 해야 할 일을 위해 사용하셨습니다. 어머니를 배려한 예수님의 시간 배분을 통해 우리가 배워야 할 것은 부모공경입니다.

✽ 학습문제

(1) 예수님은 자신의 때가 아님에도 불구하고 어머니의 말에 움직이셨습니다. 이러한 예수님의 태도를 무엇이라고 볼 수 있습니까?

답 어머니를 향한 예수님의 순종입니다.

(2) 육신의 부모를 섬기는 데 많은 시간을 배분하신 예수님을 통해 배워야 할 것은 무엇인가요?

답 부모공경입니다.

✣ 기도

하나님 아버지, 육신의 어머니에게도 순종하신 예수님의 모습을 보면서 우리도 그러한 삶을 본받기 원합니다. 우리도 예수님처럼 부모공경에 더욱 최선을 다하는 삶을 살게 하여 주옵소서.

예수님의 이름으로 기도드립니다. 아멘

✣ 중보기도

(1) 육신의 부모공경도 소중히 여길 줄 아는 지혜로운 그리스도인이 되게 하여 주옵소서.

(2) 육신의 부모를 위해 많은 시간을 배분하셨던 주님을 본받는 자가 되게 하여 주옵소서.

✣ 만남의 준비

전도서 11:1~8을 읽고, 우리가 어떤 모습으로 하나님 앞에 서야 하는지 생각해 봅시다.

✎ **memo**

22. 솔로몬의 참회록

성경 : 전도서 11:1~8(와울요절 1절)
찬송 : 429, 563(489, 411)장
주제 : 모으기에만 급급한 사람이 아니라 선행과 구제를 베푸는 부모로 남아야 한다.

전도서는 어느 틈엔가 나이 많아 늙어버린 솔로몬의 솔직한 자기 고백서이자 참회록입니다.

젊은 시절 지혜, 부귀, 영화, 권세 모든 것을 손에 쥐고 있었기에 그의 명성은 멀리멀리 퍼져 나갔습니다(왕상 10:1~10). 그의 하루 식단은 정말 대단했습니다(왕상 4:22~23). 젊은 시절 무엇이든지 원 없이 다 해보았습니다(전 2:10). 사업, 궁궐 건축, 포도원 운영, 노비들, 천 명의 처첩들과 함께 즐기는 삶이었습니다.

하지만 그도 살같이 빠르게 날아가는 세월을 붙잡을 수 없었습니다. 어느덧 노쇠하고 초라하기까지 한 모습으로 변하고 말았습니다(전 12:3~5). 그래서 그는 참회록을 이렇게 시작합니다.

"헛되고 헛되며 헛되고 헛되니 모든 것이 헛되도다"(전 1:2).

1. 네 떡을 물 위에 던져라

전도서 1장부터 10장까지는 1인칭으로 쭉 이어져 왔는데, 11장은

'너'라는 2인칭으로 시작하고 있습니다.

여기에는 학자들의 두 가지 견해가 있습니다. 여기 '너'는 오늘 우리, 특별히 연세 많으신 분들을 가리킨다고 볼 수 있습니다. 또한 여기 '너'가 솔로몬 자신이라는 것입니다.

성령께서 우레와 같은 음성, 그야말로 거절할 수 없는 압도하심으로 말씀하시니, 솔로몬이 '너는'이라고 기록하였다는 것입니다. 어떤 견해든 상관이 없이, 모든 것을 누려보았던 솔로몬이 자신처럼 후회하지 말고, 이렇게 살아가라고 한 권면으로 받아들이면 됩니다.

찰스 스윈돌(Charles R. Swindoll) 목사는 "너는 네 떡을 물 위에 던져라 여러 날 후에 도로 찾으리라"(전 11:1), "너는 아침에 씨를 뿌리고 저녁에도 손을 놓지 말라 이것이 잘 되는지, 저것이 잘 되는지, 혹 둘이 다 잘 되는지 알지 못함이니라"(전 11:6)라는 말씀에 대해 다음과 같이 풀이합니다.

"관대하게 주라. 계산하지 말라. 왜냐하면 나중에 그것이 큰 선물이 되어 너에게 돌아올 것이기 때문이다. 너는 씨를 뿌리는 일을 계속하라. 왜냐하면 어느 것이 자라날지, 혹시 모든 씨가 자라날지 네가 알지 못하기 때문이다."

나이가 많아지면, 몸도 마음도 점점 움츠러들어 작아집니다. 꽁꽁 숨깁니다. 그야말로 보물을 땅에 쌓아두는 것이 최선이라고 생각합니다. 그러나 지혜자는 "······그들의 평생에 미친 마음을 품고 있다가 후에는 죽은 자들에게로 돌아가는 것이라"(전 9:3)라고 날카롭게 지적합니다.

그래서 성경은 말합니다. "너는 네 떡을 물 위에 던져라 여러 날 후에 도로 찾으리라"(전 11:1). "가난한 자를 불쌍히 여기는 것은 여호와께 꾸어 드리는 것이니 그의 선행을 그에게 갚아 주시리라"(잠

19:17).

2. 우리는 어떤 부모, 어떤 어른이 되어야 할까요?

우리 날도 얼마 남지 않았습니다. 곧 하나님 앞에 서게 될 것입니다. 무엇을 가지고 심판하실까요? '떡을 손에 쥐었느냐, 물 위에 던졌느냐' 이것입니다.

어떤 부모를 기억할까요? 모으기 위해 수단과 방법을 가리지 않았던 부모일까요? 어떤 신앙의 선배를 기억할까요? 아나니아와 삽비라처럼 숨기기에 급급했던 사람일까요? 아니면, 욥바의 다비다처럼 선행과 구제를 베푸는 사람일까요?

아무것도 없다고 하는 사람들을 향하여 성경은 "고린도인들이여…… 너희도 마음을 넓히라"(고후 6:11~13)라고 충고합니다.

사랑, 긍휼, 이해하는 마음을 주라는 것입니다.

사랑하는 여러분! 이제 주님 앞에 서는 날밖에 남지 않았습니다. 생명책에 우리의 이름이 기록되는 그날, 하나님께서 우리 한 사람, 한 사람 이름을 부르시게 될 줄로 믿습니다. 그 영광의 잔치에 참여하는 은혜가 있기를 바랍니다.

✱ 학습문제

(1) 왜 떡을 물 위에 던지라고 했습니까?

답 여러 날 후에 도로 찾을 것이기 때문입니다.

(2) 나는 모으기에만 급급한 부모입니까? 아니면 선행과 구제에 힘쓰는 부모입니까?

답 신앙의 선배와 부모로서 어떤 모습으로 살아가고 있는지 돌아봅시다.

✱ 기도

하나님 아버지, 신앙의 모범을 보여야 하는 위치에 있는 부모로서 과연 나는 모으기에만 혈안이 된 사람은 아닌지 돌아봅니다. 선행과 구제에 힘쓰며 다음 세대를 믿음으로 일으키는 하나님의 도구가 되게 하여 주옵소서.

예수님의 이름으로 기도드립니다. 아멘

✱ 중보기도

(1) 내 떡을 물 위에 던지는 삶을 살게 해 주옵소서.
(2) 선한 영향력으로 다음 세대를 세우는 부모가 되게 해 주옵소서.

✱ 만남의 준비

요한복음 1:35~43을 읽고, 성령으로 세례받는 일에 대해 생각해 봅시다.

✎ memo

23. '성령세례'를 받았는가?

> 성경 : 요한복음 1:35~43(외울요절 36절)
> 찬송 : 182, 183(169, 172)장
> 주제 : 성도는 물세례로 만족하지 말고, 성령으로의 세례받기를 사모해야 한다.

세례에는 물세례와 성령세례가 있습니다. 물세례는 요한의 세례라고도 하는데 회개하고 거듭나는 중생과 관련이 있습니다(고전 12:3). 때문에 요한은 자신을 '물로 세례를 주는 자'로, 반면 예수님은 '성령으로 세례를 베푸는 분'(요 1:33)으로 소개하고 있습니다.

부활의 주님은 3년이나 예수님을 따르고 있는 자들에게 반복하여 강조하십니다.

"성령을 받으라"(요 20:22). "아버지께서 약속하신 것을 기다리라"(행 1:4). "너희는 몇 날이 못되어 성령으로 세례를 받으리라"(행 1:5). "오직 성령이 너희에게 임하시면 너희가 권능을 받고"(행 1:8).

바울이 에베소교회 지도자들에게 '너희가 믿을 때에 성령받았느냐?'고 질문한 것은 '성령세례'를 받았는지 확인한 것입니다.

1. 성령세례를 받은 사람들에게 나타나는 표징

성령은 유익한 일을 할 수 있는 용기를 우리에게 주십니다. "각 사람에게 성령을 나타내심은 유익하게 하려 하심이라"(고전 12:7).
　성령세례받은 사람들에게 공통적으로 예외 없이 나타나는 중요한 특징이 하나 있습니다. 그것은 예수 그리스도에 대해 증언하는 것입니다.
　오늘 말씀에 세례 요한이 등장하고 있습니다.
　"이튿날 요한이 예수께서 자기에게 나아오심을 보고 이르되 보라 세상 죄를 지고 가는 하나님의 어린 양이로다"(요 1:29).
　여기서 멈추지 않습니다.
　"또 이튿날 요한이 자기 제자 중 두 사람과 함께 섰다가 예수께서 거니심을 보고 말하되 보라 하나님의 어린 양이로다"(요 1:35~36).
　얼핏 보면 비슷해 보이지만 중요한 차이점이 있습니다. 전자는 예수님 앞에서, 그분을 향해 자신의 신앙을 고백한 내용입니다. 후자는 자기 곁의 사람들에게 자기가 믿는 예수님에 대해서 말하는 내용입니다.
　성경에는 증언이라는 단어가 반복 등장합니다(요 1:7, 8, 15, 19, 32, 34). 성령세례받은 자들에게 여러 표징들이 나타나는데 그중 공통적으로 나타나는 특징은 예수 그리스도에 대해 증언하는 것입니다.
　본문에는 '이튿날'이라는 단어가 여러 번 나옵니다(요 1:29, 35, 43). 이것은 같은 날의 강조입니다. 그렇다면 이는 '즉시'를 뜻합니다. 세례 요한이 예수님 앞에 무릎을 꿇고, "당신은 세상 죄를 지고 가는 하나님의 어린 양입니다"라고 고백한 후 그는 주저하거나 뒤로 미루지 않고, 증언하는 일을 즉시 행했다는 뜻입니다.

2. 요한의 세례에 머물러 있지는 않습니까?

　여러분은 지금 요한의 세례, 즉 물세례로 만족하고 있지는 않습니까? 초대교회 당시 바울과 쌍벽을 이루고, 성경에 능했던 아볼로는 '요한의 세례'까지만 알고 있었습니다(행 18:24~25).

주님이 이 땅에 오신 목적은 '성령세례'를 우리에게 베푸시기 위함입니다. 우리가 이 세례를 받는 것이 주님의 소원입니다.

이 성령세례를 받았습니까? 이 세례를 받은 표징이 나에게 나타나고 있습니까?

안타깝게 우리에게도 용기가 없습니다. 입을 열어 예수 그리스도를 전할 용기가 없습니다. 이런 우리에게 용기가 필요합니다. 이를 위해 주님은 오셨고, 우리에게 성령세례 주시기를 원하십니다. 성령세례를 받으면 불, 능력, 권능, 충만을 입습니다.

사랑하는 여러분! 주님이 말씀하십니다.

"누구든지 사람 앞에서 나를 부인하면 나도 하늘에 계신 내 아버지 앞에서 그를 부인하리라"(마 10:33). "누구든지 나와 내 말을 부끄러워하면 인자도 자기와 아버지와 거룩한 천사들의 영광으로 올 때에 그 사람을 부끄러워하리라"(눅 9:26).

이 말씀을 마음에 새기며 '나는 정말 성령세례를 받았는가?'라고 스스로를 향해 진지하게 질문을 던질 수 있기를 바랍니다.

✽ 학습문제

(1) 성령세례를 받은 자들에게 나타나는 표징이 무엇입니까?

답 예수 그리스도에 대해 증언합니다.

(2) 나는 지금 요한의 세례(물세례)에만 머물러 있는 것은 아닌지 자신을 돌아봅시다.

답 각자의 상황을 돌아보고, 서로 나누어 봅시다.

✽ 기도

하나님 아버지, 물세례에 머물러 있지 않게 하시고, 성령세례를 받아 예수 그리스도를 온전히 증거하며 살기를 원합니다. 그런 하나님의 도구로 우리를 사용하여 주옵소서.

예수님의 이름으로 기도드립니다. 아멘

✽ 중보기도

(1) 더 깊이 있는 믿음을 통해 성령충만한 삶을 살게 하옵소서.

(2) 예수 그리스도를 증언하는 증인으로서의 삶을 살게 하여 주옵소서.

✽ 만남의 준비

시편 51:1~11을 읽고, 다윗의 간구에 귀를 기울여 봅시다.

✎ memo

24. 성령을 거두지 마소서

> 성경 : 시편 51:1~11 (외울요절 11절)
> 찬송 : 191, 446(427, 500)장
> 주제 : 성령이 나에게서 떠나가시는 것을 두려워해야 한다.

　강원도 설악동 자락에 위치한 추양 한경직 기념관에는 남다른 현판이 걸려 있습니다. "네가 어디 있느냐"(창 3:9).
　우리는 '지금 나는 어디에 있는가?'라는 질문에 답해야 합니다. 왜냐하면 이 질문은 인류의 대표인 아담에게 하신 질문이기 때문입니다. 그러므로 아담의 후손인 우리 모두에게 던지시는 질문입니다.
　우리는 지금 사탄의 권좌가 있는 데에 서 있습니다.
　"네가 어디에 사는지를 내가 아노니 거기는 사탄의 권좌(위)가 있는 데라"(계 2:13).
　사탄은 여기저기 두루 돌아다니는 존재입니다(욥 1:7, 벧전 5:8). 이 사탄이 다윗을 타깃으로 삼았습니다. 그리고 은밀히 작전을 개시했습니다. 그때 한때 잘 나가던 다윗이 한순간에 넘어졌습니다.

1. 다윗의 부르짖음

　시편 51편은 처참하게 쓰러진 현장에서 도움을 구하는 다윗의 울부짖음입니다.

이 말씀 중에서 가장 중요한 내용은 10절과 11절입니다.

그는 본문 10절에서 "하나님이여 내 속에 정한 마음을 창조하시고 내 안에 정직한 영을 새롭게 하소서"라고 하며 자신의 마음이 정결하지 못했음을 고백하고, 정직하지 못했음을 회개합니다.

그리고 그는 이렇게 간구합니다. "나를 주 앞에서 쫓아내지 마시며 주의 성령을 내게서 거두지 마소서"(시 51:11).

이 말씀에서 다윗이 지금 그 무엇인가를 심히 두려워하고 있음을 확인할 수 있습니다.

다윗에게 임할 징계는 크게 세 가지입니다(삼하 12:10~14).

첫째, 집안에서 반역자가 일어나며, 왕위를 찬탈하는 모반이 일어날 것입니다. 둘째, 가정이 파괴될 것입니다. 셋째, 죄 없는 아이까지 태어나자마자 죽게 되는 것입니다.

그런데 다윗이 이런 말씀을 받고 이런 일이 자신에게 일어날 것을 두려워하고 있습니까? 아닙니다. 그렇다면 천하의 장군 다윗이 지금 무엇을 두려워하고 있습니까? 첫째, 하나님 앞에서 쫓겨나는 것을 두려워하고 있습니다. 둘째, 성령을 거두어 가는 것을 두려워하고 있습니다.

2. 우리가 두려워해야 하는 것

여러분들은 지금 무엇을 가장 두려워하고 있습니까? 다윗의 두려움이 나의 두려움이 되기를 원합니다. 다윗의 소원이 나의 소원이 되기를 원합니다.

하나님 앞에서 쫓겨나면 안 됩니다. 미련한 다섯 처녀는 하나님 앞에서 쫓겨나고 말았습니다(마 25:10~12). 한 달란트 받은 자도 쫓겨나고 말았습니다(마 25:30). 성령이 내게서 떠나시면 안 됩니다.

사울 왕이 하나님으로부터 쫓겨났던 그 순간 얼마나 비참한 인간이 되었습니까? "여호와의 영이 사울에게서 떠나고 여호와께서 부리시는 악령이 그를 번뇌하게 한지라"(삼상 16:14).

그러므로 다윗은 두려워했습니다. 그는 그 무엇보다도 하나님 앞에서 쫓겨나는 것을 두려워했습니다. 성령이 떠나시는 것을 두려워했습니다. 때문에 그는 이 문제를 가지고 하나님 앞에 간절히 매달립니다. 어떤 자세로 매달립니까? '나'라는 1인칭이 여러 번 등장합니다. 그는 다른 사람의 핑계를 대지 않습니다. 오히려 자신이 범죄한 죄인임을 강조합니다.

그리고 그는 하나님의 인자와 긍휼, 은혜가 꼭 필요한 존재임을 깨닫고 "하나님이여 주의 인자를 따라 내게 은혜를 베푸시며 주의 많은 긍휼을 따라 내 죄악을 지워 주소서"(시 51:1)라고 간구합니다.

이는 '모든 게 하나님의 은혜입니다. 하나님이 인자를 베푸셔서 오늘의 내가 있습니다.'라는 고백입니다.

사랑하는 여러분! 그 무엇보다 하나님 앞에서 쫓겨나는 것과 성령이 떠나가시는 것을 두려워하십시오. 하나님 앞에서 다윗과 같이 "나를 주 앞에서 쫓아내지 마시며 주의 성령을 내게서 거두지 마소서"라는 소원을 가지고 살아가는 우리 모두가 될 수 있기를 바랍니다.

❋ 학습문제

(1) 다윗이 두려워했던 두 가지는 무엇입니까?
답 하나님 앞에서 쫓겨나는 것과 성령을 거두어 가는 것입니다.
(2) 다윗은 그가 하나님 앞에서 어떤 존재임을 깨달았습니까?
답 하나님의 인자와 긍휼, 은혜가 필요한 존재임을 깨달았습니다.

✽ 기도

하나님 아버지, 하나님 앞에서 쫓겨나는 것과 성령이 떠나가시는 것을 두려워하는 사람이 되기를 원합니다. 그리고 하나님의 인자와 긍휼, 은혜가 꼭 필요한 사람임을 기억하며 하나님 마음에 합한 사람이 되게 하여 주옵소서.

예수님의 이름으로 기도드립니다. 아멘

✽ 중보기도

(1) 성령으로 우리를 다스려 주옵소서.

(2) 성령충만으로 능력 있는 삶을 살게 하여 주옵소서.

✽ 만남의 준비

요한복음 20:19~23을 읽고, 예수님께서 제자들에게 강조하신 말씀을 생각해 봅시다.

✎ memo

25. 그들에게 숨을 내쉬다

성경 : 요한복음 20:19~23(외울요절 22절)
찬송 : 184, 185(173, 179)장
주제 : 성령을 받아 능력 있는 그리스도인의 삶을 살아가야 한다.

낙담하며 한숨만 쉬고 있던 제자들에게 부활의 주님이 나타나셔서 "너희에게 평강이 있을지어다"(요 20:19)라고 말씀하셨습니다. 그리고 매우 인상 깊은 액션을 취하십니다. "그들을 향하사 숨을 내쉬며 이르시되 성령을 받으라"(요 20:22)라고 하셨습니다. 허무와 절망으로 한숨을 내쉬고 있는 그들에게 전혀 다른 숨결로 다가오십니다.

1. "성령을 받으라"라고 말씀하신 예수님

우리는 구약성경 두 군데에서 동일한 용례를 발견할 수 있습니다.

그 중 하나는 창조기사와 관련하여 나타납니다. "여호와 하나님이 땅의 흙으로 사람을 지으시고 생기를 그 코에 불어넣으시니 사람이 생령이 되니라"(창 2:7).

또 에스겔 골짜기 현장에서 발견합니다. 하나님은 에스겔로 하여금 이 소망 없는 골짜기를 향하여 "생기야 사방에서부터 와서 이 죽음을 당한 자에게 불어서 살아나게 하라"라고 대언하라고 말씀하셨습니다. 에스겔이 그 말씀대로 대언하니 그들이 살아나서 일어나 서는데 극히 큰 군대로 변했습니다(겔 37:9~10).

죽음의 골짜기가 소망의 골짜기로 바뀌는 순간입니다. 바로 이와 동일한 액션을 부활의 주님이 취하고 계십니다. 죽은 자처럼 되어 있는 저들을 향해 숨을 내쉬는 순간 저들에게 놀라운 변화가 일어났습니다. 나가서 만나는 사람들에게 부활의 예수를 증언하기 시작한 것입니다.

십자가를 앞에 놓고 주님은 매우 의미심장한 말씀을 하셨습니다. "내가 떠나가는 것이 너희에게 유익이라 내가 떠나가지 아니하면 보혜사가 너희에게로 오시지 아니할 것이요 가면 내가 그를 너희에게로 보내리니"(요 16:7).

그러므로 숨을 내쉬며 성령을 받으라고 하신 이 액션은 성자 예수님이 보혜사를 우리에게 보내 주시는 현장입니다. 더 정확히 말하면 이제 주님께서 영으로 우리 안에 들어오시는 현장입니다.

주님이 모두에게, 어디에나 거하실 수 있는 방법은 영으로 거하시는 길밖에 없습니다. 그래서 주님은 "내가 떠나가는 것이 너희에게 유익이라"라고 하시며 십자가에 못 박히셨던 것입니다. 주님이 죽임을 당하신 것은 우리 안에 영으로 계시기 위해서, 즉 성령을 주시기 위해서입니다.

2. 성령께서 하시는 사역

성령의 사역은 먼저, 예수를 주로 고백하게 하시는 사역입니다(고전 12:3). 지금 제자들은 예수를 믿고 있으나, 침체되어 있습니다. 어디를 가야 하며, 무엇을 해야 할지 모르고 있습니다.

그러니까 예수를 믿고 있지만, 이런저런 일들로 말미암아 무척이나 힘든 자들에게 부활의 주님께서 찾아오셔서 숨을 내쉬며, 성령을 받으라고 말씀하신 것입니다.

우리 역시 예수를 믿고 있습니다. 한때 뜨거운 체험도 한두 번은 다 갖고 있을 것입니다. 그런데 우리는 모두 육체적, 정신적, 심리적, 영적 한계를 가지고 있는 인간입니다.

이러한 우리에게 부활의 주님께서 찾아오셔서 성령을 받으라고 말씀하십니다. 성령을 받을 때 놀라운 일이 일어납니다.

"너희가 누구의 죄든지 사하면 사하여질 것이요 누구의 죄든지 그대로 두면 그대로 있으리라 하시니라"(요 20:23).

성령을 받으면 죄 사함을 받고, 허물을 극복할 수 있게 되며, 기도의 응답을 받는 기도의 능력자로 하나님께서 바꿔 주신다는 것입니다. 또한 주님이 하신 일을 할 수 있고, 그보다 더 큰 일도 할 수 있는 능력자가 되게 해주신다는 것입니다(요 14:12).

사랑하는 여러분! 주님께서 공생애를 시작하시면서 먼저 성령을 받으셨고, 제자들이 사역을 시작하면서 먼저 성령을 받았습니다.

오늘 우리에게 꼭 필요한 것이 있습니다. 성령충만입니다. 성령을 주시기 위해 부활하신 주님께서 우리에게 숨을 내쉬며 '성령을 받으라'고 말씀하십니다. 이 성령을 모시고, 삶의 현장으로 나아가 제자들처럼 변화된 삶을 살아가는 우리 모두가 될 수 있기를 바랍니다.

✻ 학습문제

(1) 부활의 주님께서 제자들에게 나타나셔서 숨을 내쉬며 하신 말씀은 무엇입니까?

답 '성령을 받으라'입니다.

(2) 우리가 성령을 받을 때 유익함이 무엇입니까?

답 예수를 주로 고백하게 되며, 죄 사함을 경험하게 되며, 능력자로 살 수 있게 됩니다.

✽ 기도

　하나님 아버지, 예수님께서 성령을 받으라고 하신 말씀을 따라 우리도 성령받기를 사모하며 살기를 원합니다. 성령을 받아 능력 있는 그리스도인들로 살 수 있도록 성령을 부어 주옵소서.
　예수님의 이름으로 기도드립니다. 아멘

✽ 중보기도

(1) 성령받기를 사모하는 마음을 주옵소서.
(2) 성령의 열매를 맺는 변화된 삶을 살게 하여 주옵소서.

✽ 만남의 준비

　요한복음 7:37~39을 읽고, 생수의 강이 무엇을 의미하는지 생각해 봅시다.

✎ memo

26. 생수의 강

> 성경 : 요한복음 7:37~39(외울요절 38절)
> 찬송 : 195, 196(175, 174)장
> 주제 : 성령충만하여 그 성령이 내 안에서 흘러나오게 해야 한다.

오늘 본문 말씀을 보시겠습니다.

"누구든지 목마르거든 내게로 와서 마시라 나를 믿는 자는 성경에 이름과 같이 그 배에서 생수의 강이 흘러나오리라 하시니 이는 그를 믿는 자들이 받을 성령을 가리켜 말씀하신 것이라"(요 7:37~39).

허셀포드 박사는 이 말씀을 두고 이렇게 입장을 밝힙니다.

"우리가 그분께 가면 생수의 강이 우리 속에서 흘러넘치리라고 말씀하신다. 이것은 우리가 그분 안에서 만족할 뿐 아니라 우리가 다른 사람에게 축복의 샘이 될 것을 의미한다. 우리에게 흘러넘치도록 가득 채워져야 한다."

목마름을 해결하는 정도가 아니라, 생수의 강이 그 배에서 흘러나오는 은총을 맛볼 수 있습니다. 그래서 주변 사람들에게까지 그 은총을 베풀 수 있는 자가 될 수 있게 해주시겠다는 선언입니다.

어떻게 그게 가능하단 말일까요? 본문을 보면 생수는 곧 성령임을 알 수 있습니다. 그러므로 성령의 사람이 될 때 가능하다는 것입니다.

1. 성령의 사람이 되어야 합니다

주님께서는 이와 관련해 중요한 단어 하나를 계속 언급하십니다. 그것은 '믿음'이란 단어입니다(요 7:38). 그런데 당시에 믿지 않는 자들이 있었습니다(요 6:64).

저들이 누구라고 지적하십니까?

첫째, 예수님의 육신의 형제들입니다(요 7:5). 예수님과 함께 한솥밥을 먹었던 자들인데 저들이 예수를 믿지 않고 있습니다.

둘째, 성경을 많이 알고 있는 자들입니다(요 7:41~42).

셋째, 당국자들과 바리새인들입니다(요 7:47~48). 저들은 경건한 삶을 영위한다고 자부하는 자들로 고위직의 사람들입니다.

오늘 나는 과연 예수를 믿는 자입니까? 이 질문을 심각하게 던져야 합니다. 왜냐하면 오랫동안 신앙생활했다고 해서, 성경을 많이 알고 있다고 해서, 중한 직책을 맡고 있다고 해서 그것이 예수 믿는 증표가 될 수 없기 때문입니다.

예수 믿는 증표가 무엇입니까? 열매를 보아 나무를 안다는 말씀대로 지금 내 배에서 무엇이 흘러나오는지를 보면 바로 그것으로 진정 예수를 믿는 자인지, 아닌지를 판별할 수 있습니다. 그러므로 우리는 성령의 사람이 되어야 합니다. 성령을 사모해야 합니다.

어떻게 하면 성령의 사람이 될 수 있을까요?

2. 성령 중심의 신앙생활

온누리교회의 고(故) 하용조 목사가 생사를 넘나드는 투병의 과정에서 깨달았던 진리는 오직 한 가지, '성령'이었습니다.

"신앙생활의 핵심은 성령입니다. 성령의 역사가 일어나도록 성령님께 기회를 드려야 합니다. 성령이 이끌어가고, 성령이 지배하는 삶이 신앙생활의 전부입니다. 목회자든 평신도이든 예외 없이 성령님께 묻고, 성령님의 인도하심을 받아야 합니다. 성령 의존적인 삶을 영위하지 않는다면 그를 진정한 크리스천이라고 할 수 없습니다."

이것이 그가 마지막 유언처럼 남긴 메시지였습니다.

성령은 어떤 자에게 임하실까요?

간구하는 자에게 임하십니다. "구하는 자에게 성령을 주시지 않겠느냐"(눅 11:13). 회개하는 자에게 임하십니다. "너희가 회개하여 각각 예수 그리스도의 이름으로 세례를 받고 죄 사함을 받으라 그리하면 성령의 선물을 받으리니"(행 2:38). 그리고 말씀을 사모하는 자에게 임하십니다. 고넬료가 갈릴리 어부 출신의 베드로를 자기 집에 초청하여 베드로 앞에 엎드렸습니다(행 10:25). 그 베드로가 말할 때에 성령이 말씀 듣는 모든 사람에게 내려오셨습니다(행 10:44).

말씀을 사모할 때 성령이 임하고, 그 성령이 임하는 자에게 생수의 강이 그 배에서 터져 나옵니다.

여러분! 우리가 성령을 사모하여 모든 성도들의 배에서 생수의 강이 흘러나오고, 우리 삶의 현장에서 그리스도의 향기가 드러나게 되기를 바랍니다.

✱ 학습문제

(1) 참된 그리스도인이 되려면 어떤 사람이 되어야 합니까?

답 성령의 사람이 되어야 합니다.

(2) 성령은 어떤 사람에게 임하십니까?

답 간구하는 사람, 회개하는 사람, 말씀을 사모하는 사람에게 임하십니다.

✽ 기도

하나님 아버지, 참된 그리스도인의 정체성을 갖기 위해 우리 모두가 성령으로 충만하기를 원합니다. 그래서 성령 중심의 신앙생활을 영위하며, 그야말로 생수의 강이 우리 안에서 넘쳐흐르는 역사를 보게 하여 주옵소서.

예수님의 이름으로 기도드립니다. 아멘

✽ 중보기도

(1) 성령의 사람으로 살아 참된 그리스도인의 정체성을 회복하게 하여 주옵소서.

(2) 삶의 현장에서 생수의 강(성령)이 흘러넘쳐 하나님께 영광 돌리는 삶을 살게 하여 주옵소서.

✽ 만남의 준비

마태복음 6:9~11을 읽고 주님께서 가르쳐 주신 기도의 의미를 생각해 봅시다.

✎ **memo**

27. 오늘의 양식

> 성경 : 마태복음 6:9~11 (외울요절 11절)
> 찬송 : 361, 93(480, 93)장
> 주제 : 일용할 양식을 구하는 기도를 통해 오늘 나의 삶이 하나님의 은혜 가운데 살아가는 삶임을 깨달으며, 주님께 의탁하는 삶을 산다.

요즘 많은 사람들이 염려하는 것은 출생에서 노후까지 이르는 일생의 대책이며, 이것을 위해서는 모든 수고를 아끼지 않습니다.

그렇기 때문에 "오늘 우리에게 일용할 양식을 주시옵고"라는 기도는 요즘 시대의 목표와 맞지 않는 생소한 기도입니다. 우리는 '하루의 양식'이 아니라 '평생의 양식'을 구하며, '오늘의 약속'이 아니라 '평생의 대책'을 목표로 하기 때문입니다.

그러나 예수님은 '하루의 양식을 구하라.'는 기도를 가르쳐 주고 계십니다. 주님께서 가르쳐 주신 이 기도의 참된 의미는 무엇일까요?

1. 주님을 의지하는 기도

"오늘 우리에게 일용할 양식을 주시옵고"라는 기도는 '오늘을 사는 동안 주님을 전폭적으로 의지합니다. 오늘 하루를 주님께 온전히 맡깁니다.'라는 뜻입니다.

우리는 이 기도를 통해 매일 하나님을 의지하며 살 것이고, 세상의 어느 곳간과도 비교할 수 없는 하나님 아버지의 곳간에서 날마다 삶의 필요를 채우며 만족하는 삶을 살게 될 것입니다.

'기도의 사람'으로 알려진 조지 뮬러는 고아원을 운영하면서 아이들을 먹일 음식이 부족할 때에 자신의 방에 들어가서 이렇게 기도했습니다.

"아버지, 오늘날 우리에게 일용할 양식을 주옵소서. 아버지, 오늘날 우리에게 일용할 양식을 주옵소서."

그때마다 하나님은 뮬러의 기도에 응답하셨고, 그의 일생 동안 하나님께서 일용할 양식을 베푸신다는 것을 경험하였습니다.

2. 주님의 은혜를 체험하는 기도

"오늘 우리에게 일용할 양식을 주시옵고"라는 기도에는 당신의 자녀를 하루도 떠나지 않으시는 하나님 아버지의 보호가 담겨 있습니다. 그렇기에 이 기도는 우리의 삶은 주의 은혜 가운데 사는 것임을 알려 줍니다.

출애굽을 한 이스라엘 자손이 광야생활을 통해 경험한 하나님의 은혜 중의 하나는 만나입니다. 하나님께서는 광야생활을 하는 그들에게 하루 동안 꼭 필요한 만큼의 만나를 주셨습니다.

우리가 현실의 어려움으로 인해 매일의 양식을 구할 때, 하나님은 현실의 불안, 염려, 걱정보다 우리를 향한 하나님의 은혜가 훨씬 크다는 것을 알려 주실 것입니다.

3. 주님께 여쭙는 기도

다윗의 생애를 보면 '여호와께 여쭈었다'(삼하 5:19, 23)는 말씀이 반복됩니다. 다윗이 인생의 위기를 극복하며 푸른 초원을 살아갈 수 있었던 이유는 여호와 하나님을 의지하며 매일의 삶을 살았기 때문입니다.

우리가 하루를 시작하며 주님께 "오늘 우리에게 일용할 양식을 주시옵고"라고 기도할 때, 하루를 마치며 내일도 주께서 일용할 양식을 주시기를 기도할 때 우리는 다윗과 동일한 은혜를 경험하게 될 것입니다. 날마다 필요한 것들을 더더욱 하나님께 간구하게 될 것입니다.

내가 주의 은혜에 기대어 살아가고 있음을 깊이 깨달을 때, 나와 맺은 하나님의 언약이 영원히 변치 않음을 깨달을 때, 우리는 비로소 마음을 열고 찬양할 수 있습니다.

그리고 내가 만나는 이웃들에게도 사랑과 은총을 베풀 수 있고, 행복을 빌며 축복할 수 있습니다. "일용할 양식을 주옵소서."라는 짧고 진실한 기도를 통하여 여러분의 일생이 기쁨과 감사로 가득 채워지기를 바랍니다.

* **학습문제**

(1) 우리가 주님을 의지하는 기도를 드리면 삶에 어떤 일이 일어납니까?

답 날마다 삶의 필요를 채워 주시므로 만족한 삶을 살게 됩니다.

(2) 우리가 현실의 어려움으로 인해 매일의 양식을 구하면 하나님은 어떻게 하십니까?

답 현실의 문제보다 우리를 향한 하나님의 은혜가 훨씬 크다는 것을 알려 주실 것입니다.

✱ **기도**

　하나님 아버지, 기도로 매일의 양식을 구하며 나아갈 때 주님께서 우리의 삶을 채우시고, 풍성한 은혜 베푸심을 확실히 체험하게 하옵소서. 날마다 기도하므로 이 은혜를 누리는 삶을 살게 하옵소서.
　예수님의 이름으로 기도드립니다. 아멘

✱ **중보기도**

　(1) 현실의 무게에 짓눌려 사는 성도들이 믿음의 눈을 들어 주님을 바라보고, 날마다 의지하게 하소서.
　(2) 하나님의 은혜를 체험한 삶이 간증이 되며, 이웃들에게도 주님의 사랑과 은총을 베풀 수 있는 복된 삶이 되게 하소서.

✱ **만남의 준비**

　사도행전 7:55~60을 읽고, 스데반의 기도에 담긴 신앙에 대해 묵상해 봅시다.

✎ memo

28. 초월과 추월

> 성경 : 사도행전 7:55~60(외울요절 60절)
> 찬송 : 368, 453(486, 506)장
> 주제 : 자기 욕망과 이익을 추구하는 삶이 아니라, 죽음의 순간까지 세상을 용서하고 품으려는 스데반과 같은 신앙의 성숙을 이루어 참된 기도의 삶을 이룬다.

초대교회의 일곱 집사 중 한 사람인 스데반이 긴급 체포되어 유대 공의회에서 재판을 받게 되었습니다. 그는 모세와 하나님을 모독했다는 이유로 사형을 당하게 되었는데, 순교하기 전, 그가 마지막으로 본 것은 하나님의 영광과 그 우편에 서 계신 예수 그리스도였습니다.

1. 초월의 신앙

스데반이 보여 준 초월의 모습은 이스라엘의 죄악을 담대하게 선포하고, 죽음의 위협 앞에서 끝까지 신앙을 지키며, 하나님께 불순종하는 이스라엘을 마치 암탉이 그 새끼를 날개 아래 품음같이 그의 기도로 품고, 그의 기도로 덮는 것이었습니다.

스데반의 마지막 기도는 예수님의 기도를 닮아 있습니다. 그는 "주여 이 죄를 그들에게 돌리지 마옵소서"(행 7:60)라고 기도한 후에 죽었는데, 성경은 스데반이 잠들었다고 말씀합니다.

그는 죽지 않았습니다. 스데반은 죽음의 위협을 넘어 하늘의 의를 이루었습니다. 또한 의로우신 주 예수 그리스도께서는 스데반을 위하여 예비하신 의와 생명의 면류관을 씌워 주시려고 일어서 계셨습니다.

스데반은 세상을 선으로 초월하였습니다. 자신을 위해서가 아니라 타인을 위하여 초월하였습니다. 하늘이 땅보다 높은 것과 같이 죄로 가득한 세상을 하늘의 의로써 초월하였습니다. 스데반이 보여 준 이 초월의 신앙은 참된 기독교 신앙의 시금석입니다.

2. 추월과 싸우라

초대교회의 출범 이후 기독교의 참된 신앙은 거짓 신앙과 맞서 싸우며 성장하였습니다. 혹 맞서 싸우지 않았던 때가 있다면 그것은 교회가 부패하였을 때입니다.

싸운다는 것은 늘 깨어서 외부의 거짓 가르침, 곧 이단과 사교로부터 그 자신을 지킨다는 것을 의미합니다. 또한 싸운다는 것은 죄에 물들지 아니하도록 그 자신을 돌아보고 스스로 개혁함을 의미합니다. 싸워야 할 것과 싸우지 않는 것은 불신앙입니다.

우리가 싸워야 할 거짓 신앙의 특징은 초월이 아닌 추월을 일삼습니다. 욕망의 추월은 선하고 의롭게 사는 일에 관심이 없습니다. 욕망의 추월, 탐욕의 추월은 하늘의 의에 이를 수 없습니다. 하늘의 의가 아닌 땅의 의를 좇아가기 때문입니다.

우리 앞에는 두 가지의 방법이 있습니다. 스데반처럼 세상과 다르게 살아 세상을 초월하는 것과 세상보다 더 악한 방식으로 세상을 추월하는 것입니다.

3. 그리스도인의 초월

그리스도인의 초월은 세상의 추월과 다릅니다.

추월의 신앙은 사람을 제치고, 다른 사람을 해쳐가며 질주하지만, 초월의 신앙은 낮은 자리에서 겸손과 섬김으로, 때로 고난을 당하여도 세상의 흐름과 다르게 삶을 살아감으로써 세상을 초월합니다.

주님께서 우리에게 보여 주신 모습은 초월이었습니다. 하나님이 사람처럼 낮아지신 것이 초월이라면, 사람이 하나님처럼 높아지는 것은 추월입니다.

목자가 양을 위하여 자신의 생명을 내어 주는 것이 초월이라면, 목자가 자신을 위해 양의 생명을 마구 잡는 것은 추월입니다.

주님은 모든 사람을 위하여 십자가를 지셨고, 당신을 죽이는 자들을 위하여 하나님께 용서를 구하는 기도를 드리셨습니다. 끝까지 사랑하셨고, 끝까지 섬기셨습니다.

스데반이 생의 마지막에 드린 기도는 예수님을 닮아 세상을 초월하는 기도였습니다. 우리가 이 기도를 늘 붙들고 나아갈 때 우리는 추월하는 세상의 풍조 속에서 세상을 초월하며 살아가게 될 것입니다. 이 은혜를 체험하는 우리 모두가 되기를 바랍니다.

✱ 학습문제

(1) 스데반이 마지막에 기도한 내용은 무엇입니까?
답 "주여 이 죄를 그들에게 돌리지 마옵소서"(행 7:60)
(2) 성경은 스데반의 죽음을 어떤 상태라고 했습니까?
답 '잔다'고 했습니다.

* 기도

하나님 아버지, 세상은 자기 욕망을 위해 모든 것을 추월하며 살지만, 저희들은 그러한 세상을 예수님처럼 끝까지 품을 수 있도록 성숙한 믿음을 주시옵소서. 그래서 세상을 초월하는 믿음으로 승리하게 하옵소서.

예수님의 이름으로 기도드립니다. 아멘

* 중보기도

(1) 세상의 방식이 아니라 믿음의 방식으로 세상을 초월하며 살게 하소서.

(2) 예수님을 닮은 기도로 날마다 신앙의 성장과 성숙을 이루어, 끝까지 세상을 품을 수 있게 하소서.

* 만남의 준비

사무엘상 1:1~13을 읽고, 한나의 통곡기도에 대해 묵상해 봅시다.

✎ memo

29. 위대한 기도

> 성경 : 사무엘상 1:1~13(외울요절 11절)
> 찬송 : 364, 387(482, 440)장
> 주제 : 어려움에 처했을 때 하나님께 눈물로 기도드리면 하나님께서 긍휼히 여기사 응답해 주심을 체험한다.

오늘 본문에서 한나는 자식이 없어서 하나님의 전에 올라가 괴로운 마음으로 울면서 기도하기 시작했습니다. 한나의 기도에는 자식을 낳지 못함으로 고통받는 여인의 한이 담겨 있습니다.

결국 한나는 기도 응답을 받아 아들을 낳았고, 사무엘이 젖을 뗄 때 자 서원대로 하나님께 맡겼습니다. 한나의 기도에는 오늘 우리가 꼭 기억해야 할 몇 가지 중요한 사실이 담겨 있습니다.

1. 하나님께 기도하라

한나는 엘가나의 첫째 아내였는데 아들을 낳지 못하자 남편이 둘째 아내 브닌나를 얻습니다. 그리고 브닌나가 아들을 낳습니다. 그런데 아들을 낳은 브닌나보다 아들을 낳지 못하는 한나가 남편의 사랑을 더 받습니다.

세상에 문제 없는 사람, 완벽한 사람은 없습니다. '나는 남편의 사랑만 받으면 부족한 것이 없는데……' 브닌나가 고민하고, '나는 아이를 낳기만 하면 부족한 것이 없는데……' 한나가 고민합니다.

결국 브닌나는 자신의 문제 해결을 위해 한나의 마음을 괴롭힙니다. 한나에게 가서 그 마음에 노를 일으키며 분을 일으켰습니다. 이에 한나는 하나님 앞에 나아가 통곡하며 기도합니다. 바로 하나님을 찾은 것입니다.

하나님을 찾는 일에는 확실한 약속이 있습니다. 하나님의 약속을 분명하게 믿고, 어렵고 힘들 때마다 하나님을 찾으시기를 바랍니다.

2. 하나님께 맡기라

한나의 기도 내용을 간단하게 요약하면 '제게 주실 아들은 하나님의 것입니다.'입니다. 한나의 기도에는 신앙고백이 담겨 있습니다. 내게 있는 모든 것은 내 것이 아니라 하나님의 것이기 때문입니다.

여러분은 이 세상의 어느 것이 내 것이라고 생각하십니까? 종국에는 이 육신마저 돌려주고 가야 합니다.

한나의 기도는 이러한 사실에 기초한 믿음의 고백이요, 온전한 신뢰에서 비롯된 선행적 결단이었습니다.

우리는 기도할 때에 자신의 문제를 하나님께 자꾸 맡겨야 합니다. 그래야 내 문제가 하나님의 문제가 되고, 하나님의 문제가 되면 하나님이 일하시고, 풀어 주십니다. 그래서 사무엘이 태어났고, 그녀는 서원대로 사무엘을 하나님께 드렸습니다. 그 결과 사무엘은 사사 시대와 왕정 시대를 연결하는 이스라엘 역사의 위대한 인물이 되었습니다.

3. 마음을 다해 기도하라

한나는 입술만 움직이며 마음속으로 기도하고, 소리 내어 기도하지는 않았습니다. 그러다보니 제사장 엘리로부터 취한 것이 아니냐는 오해를 사기도 하였습니다.

그러나 이 기도에는 마음과 마음으로 하나님과 통하는 것이 있었습니다. 그렇기에 한나는 하나님 앞에서 오래도록 기도할 수 있었습니다.

이러한 기도의 결과는 대개 두 가지 중 하나로 나타납니다. 현실을 바꾸든지 아니면 나를 바꿉니다. 세계를 바꾸든지, 세계를 바라보는 눈을 바꿉니다.

한나의 경우에는 그 두 가지가 다 일어났습니다. 사무엘의 등장으로 사사 시대가 끝나고, 왕정 시대가 열렸습니다. 한나는 기도를 통해 아들을 낳았고, 기도를 통해 새로운 세상을 열었습니다.

우리가 기도를 멈추면 세상에 만연한 운명을 살아가지만, 기도를 멈추지 않으면 세상에 없는 신비를 살아갈 수 있습니다. 그러므로 어려운 현실 앞에서도 포기하지 말고 기도에 힘쓰는 우리 모두가 되기를 바랍니다.

✱ 학습문제

(1) 브닌나가 한나의 마음을 괴롭힐 때 한나가 택한 것은 무엇입니까?

답 하나님께 나아가 통곡하며 기도하였습니다.

(2) 한나의 기도 내용을 요약해 보십시오.

답 '아들을 주시면 그를 하나님께 드리겠습니다.'

※ 기도

하나님 아버지, 힘들고 어려운 문제가 있을 때마다 기도의 자리에 나아가게 하시고, 긍휼히 여기사 응답하시는 은혜를 분명히 체험하게 하옵소서. 하나님께 모든 것을 맡기는 믿음의 사람으로 든든히 서게 하옵소서. 예수님의 이름으로 기도드립니다. 아멘

※ 중보기도

(1) 힘들고 어려울 때마다 기도의 자리에서 하나님을 찾는 믿음을 주소서.

(2) 응답하시는 하나님을 만나 삶의 문제가 해결되고, 간증거리가 풍성한 역동적인 신앙생활을 하도록 인도하여 주소서.

※ 만남의 준비

여호수아 10:12~14을 읽고, 여호수아의 기도에 담긴 확신에 대해 묵상해 봅시다.

✎ memo

30. 태양아 멈추어라

> 성경 : 여호수아 10:12~14(외울요절 14절)
> 찬송 : 365, 357(484, 397)장
> 주제 : 확신에 찬 기도로 인간의 상식과 경험을 압도하는 하나님의 역사를 체험한다.

이 땅을 살아가는 우리에게는 용기도 필요하지만, 하나님이 주시는 지혜도 필요합니다. 너무 쉽다고 생각할 때, 내 경험과 지식으로 해결할 수 있다고 방심할 때 우리는 덫에 걸리고 맙니다.

우리의 지식이 아무리 풍부해도, 우리의 경험이 아무리 많아 노련해도 우리는 유한한 인간에 불과할 뿐입니다. 그렇기에 우리는 기도해야 합니다.

이스라엘이 기브온 주민과 화친을 맺게 된 것은 연이은 승리로 인한 지나친 자신감과 확신에서 비롯된 사건이었습니다.

이 소식을 들은 남부의 다섯 왕들이 연합군을 결성하여 자신들을 배신한 기브온 성을 공격하자, 하나님은 이스라엘이 이 전투에 나가도록 허락하십니다.

1. 하나님의 허락

위기에 처한 기브온 주민을 구하라는 하나님의 명령을 받은 여호수아와 이스라엘 군대는 길갈에서 기브온까지 밤새도록 올라가 기습 공격으로 기선을 제압하고, 연합군을 크게 무찔렀습니다.
여호수아가 퇴각하는 적을 끝까지 추격하며 승기를 잡았던 것은 여호수아의 힘만이 전부가 아니었습니다.
그보다 훨씬 더 큰 도움이 하늘에서 내렸습니다. 큰 우박 덩어리가 하늘에서 내려 도망치는 적들을 죽인 것입니다. 얼마나 많은 사람들이 우박으로 죽었는지 칼에 맞아 죽은 사람보다 더 많았다고 합니다(수 10:11).
우리가 적을 반드시 우리의 칼로 무찔러야 이기는 것이 아닙니다. 어떤 경우에 하나님의 말씀만 믿고 따라가기만 하면 하나님이 함께 하시는 것을 느낄 수가 있습니다. 마치 모든 것이 준비된 것처럼 순조롭게 이루어지는 것을 느낄 수 있습니다.

2. 더욱 특별한 은혜

이스라엘이 승리를 거두고 있음에도 불구하고 그만 시간이 흘러서 날이 어두워지게 되었고, 이스라엘에게는 적을 추격하여 전멸시키는 일을 위하여 낮 시간의 연장이 절대적으로 필요했습니다.
그때 여호수아가 하늘을 향하여 큰 소리로 이렇게 외쳤습니다. "태양아 너는 기브온 위에 머무르라 달아 너도 아얄론 골짜기에서 그리할지어다"(수 10:12). 그러자 하나님께서 여호수아의 기도대로 태양을 멈추어 주셨습니다.
우리가 하나님의 시간을 살 수 있다면, 우리는 땅의 시간과는 다른 시간을 살아갈 것입니다. 시간이 없다고 말하지 마십시오. 시간은 얼마든지 있습니다.
예수님은 3년의 공생애 기간 동안 모든 것을 이루셨습니다. 하나님께 간구하면 하나님은 하나님의 시간을 허락하십니다. 하나님은 우리의 물리적 시간을 하나님의 시간으로 바꾸실 것입니다.

3. 명령 기도의 능력

여호수아의 기도는 기도의 여러 형식 가운데 명령 기도에 속합니다. 명령 기도는 기도의 강력한 표현 방식입니다. 하나님께서는 우리가 입으로 무슨 말을 하든지 그것이 결국 우리의 현실로 이루어질 것이라 하셨습니다(민 14:28).

하나님은 여호수아의 실수로 생긴 위기를 역전의 기회로 바꾸어 주셨고, 이를 가나안 정복의 도구로 삼으셨습니다. 실수투성이인 인생도 하나님께서 선으로 바꾸어 주실 수 있습니다.

우리가 기도하면 인간의 상식을 뛰어넘는 하나님의 놀라운 역사가 나타납니다. 이것이 명령 기도의 능력입니다. 이 놀라운 기도의 능력을 꼭 체험하는 여러분이 되기를 바랍니다.

✽ 학습문제

(1) 여호수아가 기브온 주민들의 거짓말에 속은 이유는 무엇입니까?

답 지나친 자신감으로 인해 하나님께 묻지 않았기 때문입니다.

(2) 여호수아의 명령 기도 내용을 정리해 보십시오.

답 "태양아 너는 기브온 위에 머무르라 달아 너도 아얄론 골짜기에서 그리할지어다"(수 10:12).

✣ 기도

하나님 아버지, 아무리 작은 문제일지라도 하나님과 의논하여서 실수를 범하지 않는 인생을 살도록 인도하여 주옵소서. 또한 주님의 능력을 믿고 확신하며 나아갈 때 인간의 상상을 뛰어넘는 놀라운 은혜로 나타나 주옵소서.

예수님의 이름으로 기도드립니다. 아멘

✣ 중보기도

(1) 매사에 주님과 의논하는 겸손한 신앙으로 살아가게 하소서.

(2) 기도할 때에 인간의 상식과 능력을 압도하는 하나님의 역사를 나타내 주옵소서.

✣ 만남의 준비

마태복음 21:1~9을 읽고, 세상을 섬기는 사명에 대해 묵상해 봅시다.

✎ memo

31. 주가 쓰시겠다 하라

> 성경 : 마태복음 21:1~9 (외울요절 3절)
> 찬송 : 311, 428(185, 488)장
> 주제 : 사명을 감당하는 것에 감춰진 신비를 깨닫고, 세상을 섬기는 사명을 감당하기로 결단한다.

나귀는 조선에 복음이 처음 전해지고, 교회가 세워질 당시의 전도인들에게 없어서는 안 될 동역자요 벗이었습니다. 교인이 없는 마을과 장을 돌아다니면서 쪽복음을 팔던 권서들은 수백 권의 성경을 넣은 '복음 궤짝'을 나귀 등에 싣고 돌아다니며 성경을 팔고 복음을 전했습니다.

권서들은 마을을 돌아다니며 백성의 가난과 고난을 보았고, 그 안에서 하나님을 향한 뜨거운 신앙과 잃어버린 조국을 향한 간절한 열망을 품었습니다.

그래서 그들 중 다수가 목사가 되어 3.1운동에 참여했습니다. 그들은 다 나귀의 정신과 나귀의 사명으로 교회를 섬기고, 나라를 섬긴 것입니다. 그들은 비록 말처럼 멋지고 화려하지 않지만, 자신보다 몇 배나 되는 크기의 짐을 싣고 묵묵히 일하는 나귀와 같은 숨은 일꾼들이었습니다.

1. 사명에 감춰진 신비-자유

예수님께서 나귀를 불러내실 때 제자들에게 부탁하신 말씀이 이것입니다. "나귀 새끼가 매여 있는 것을 보리니 풀어 끌고 오라 만일 누가 너희에게 어찌하여 푸느냐 묻거든 말하기를 주가 쓰시겠다 하라"(눅 19:30~31). 주님께 부름받는 그 순간, 나귀는 그 자신의 매임으로부터 풀려나 자유하게 되었습니다.

사명은 우리를 자유하게 합니다. 모든 매임과 묶임과 눌림과 무거운 것으로부터 우리를 풀어 자유하게 합니다. 그것은 신비입니다.

2. 사명에 감춰진 신비-참 자아 완성

미당 서정주는 그의 시 「자화상」에서 "스물세 해 동안 나를 키운 건 팔 할(八割)이 바람이다."라고 했습니다. 시련을 통해 자신이 오히려 굳건해진 사람이 되었다고 말합니다.

이 말을 바꾸어서 "지난 세월 저를 키운 건 팔 할이 사명이었습니다."라고 말할 수 있습니다. 우리 각자에게도 다양한 사명이 있습니다. 우리가 그 사명을 감당하려고 할 때, 사명이 부족한 나를 완성시킵니다. 그 과정에서 나의 참 모습을 발견하고, 완성할 수 있습니다.

3. 사명에 감춰진 신비-즐거움

사명을 뜻하는 희랍어는 '아우토텔로스'입니다. '아우토'는 '자신'이라는 뜻이 있고, '텔로스'는 '목적'이라는 뜻이 있습니다. 그래서 '아우토텔로스'는 '목적 그 자체'라는 뜻입니다.

우리가 사명을 감당하고자 할 때, 겉으로는 힘들어 보일 수 있으나, 사실은 매우 즐겁습니다. 사명은 그 자체로서 목적이 되기 때문입니다.

　가난했던 옛 시절, 집에 두고 온 사랑하는 아이들을 위해 양식을 지고 고개를 넘는 아버지의 발걸음은 가벼웠습니다. 그때의 마음을 말로 표현한다면 아마도 '무거울수록 가볍다.'일 것입니다.

　무거우면 무거울수록 더 큰 기쁨과 감사가 있습니다. 사명을 감당하는 것이 밖에서 볼 때는 고난의 길, 십자가의 길이지만 안에서 느끼는 것은 참다운 길, 행복한 길입니다.

　그리스도를 세상 속으로 실어 나르던 저 나귀처럼 오늘 주께서 우리를 쓰시겠다고 하십니다. 우리가 주님을 사랑하여 주님의 발이 되고, 주님의 팔이 되는 이유는 그것이 나를 자유하게 하며, 참다운 내가 되게 하고, 참 행복한 길이 되기 때문입니다.

　우리 모두는 예외 없이 하늘나라의 사명자들입니다. 오늘 주님께서 찾아오셔서 쓰시겠다 말씀하시면 기쁘게 순종함으로 제4, 제5의 신비를 계속해서 써나가시기를 바랍니다.

　주님께서 걸어가신 십자가 사명의 길에 아름다운 발이 되었던 어린 나귀와 같이 주님의 사명을 기쁘게 나누어짐으로 여러분의 가정과 일터에서 신비의 세상을 열어가는 믿음의 가족들 되시기를 바랍니다.

✱ 학습문제

　(1) 예수님께서 예루살렘 성에 들어가실 때 타신 짐승은 무엇입니까?
　답 새끼 나귀입니다.
　(2) 예루살렘 주민들은 예수님을 보며 무엇이라고 외쳤습니까?
　답 "호산나 다윗의 자손이여 찬송하리로다 주의 이름으로 오시는 이여 가장 높은 곳에서 호산나 하더라"(마 21:9).

✻ 기도

하나님 아버지, 주님의 손과 발이 되어 사명을 감당할 수 있는 은혜를 주시니 감사합니다. 주께서 쓰시고자 나귀를 풀어 주셨던 것처럼 저희들도 인생의 무거운 짐을 벗고 자유와 기쁨을 누리게 하옵소서.

예수님의 이름으로 기도드립니다. 아멘

✻ 중보기도

(1) 사명 속에 담긴 하늘의 신비를 경험하게 하소서.

(2) 사명을 감당할 수 있는 은혜와 능력을 주시옵소서.

✻ 만남의 준비

누가복음 16:19~26을 읽고, 부자가 지옥에 간 이유에 대해 묵상해 봅시다.

✎ memo

32. 부자가 지옥에 간 이유

성경 : 누가복음 16:19~26(외울요절 25절)
찬송 : 260, 325(194, 359)장
주제 : 삶과 죽음의 신비한 연결을 다시 한번 깨닫고, 우리가 남을 돕는 것이 나를 돕는 것임을 알고 섬김과 봉사의 삶을 살기로 결단한다.

　오늘 본문의 주인공인 부자와 거지 나사로는 죽음 이후, 서로의 처지가 바뀌었습니다. 부자는 지옥에서, 나사로는 천국에서 살아갑니다. 그런데 왜 부자는 지옥에 갔고, 나사로는 천국에 갔을까요?
　우리는 왜 부자가 지옥에 갔고, 나사로는 천국에 갔을까를 생각하면서 우리의 죽음에 대해서 생각해 보면 좋겠습니다.
　오늘 예수님의 말씀은 우리의 죽음에 대하여 중요한 것을 알려 주고 있습니다. 그것은 모든 사람은 죽고, 죽음 뒤에는 심판이 있고, 삶과 죽음이 신비하게 연결되어 있다는 것입니다.

1. 삶과 죽음의 신비한 연결

　모든 사람은 죽습니다. 그리고 죽음 뒤에는 반드시 심판이 있습니다. 이것이 삶과 죽음의 신비한 연결입니다. 아브라함은 그 신비한 결합에 대해 본문 25절을 통해 설명해 주고 있습니다. "얘 너는 살

앉을 때에 좋은 것을 받았고 나사로는 고난을 받았으니 이것을 기억하라 이제 그는 여기서 위로를 받고 너는 괴로움을 받느니라"

부자가 지옥에 내려간 것은 그가 살았을 때에 좋은 것을 받았고, 나사로는 고난을 받았기 때문입니다. 여기에서 중요한 말은 부자와 나사로를 연결시켜 주고 있는 '받았고'의 '고'입니다. 부자의 운명에 관한 설명이 나사로의 운명에 관한 설명과 붙어 다닙니다.

부자의 운명과 나사로의 운명이 그렇게 연결되어 있지만 부자는 나사로를 향하여 두 가지를 거부했습니다. 관심과 책임입니다. 부자는 나사로에게 철저히 무관심합니다. 그렇기에 자신에게 있는 많은 것을 오직 자신만을 위해 썼습니다.

우리는 우리의 구원을 확인하기 위해 멀리 성지 순례에 나설 필요가 없습니다. 문 앞의 나사로에게 다가가면 됩니다. 문 앞의 나사로를 내 구원의 문제로 인식해야 합니다.

2. 선택의 문

오늘 본문의 핵심은 '너를 돕는 것이 나를 돕는 것이다.'입니다.

나사로에게 부자가 필요했던 만큼이나 부자에게도 나사로가 필요했습니다. 그러나 부자는 나사로의 운명과 자신의 운명이 결합되어 있다는 사실을 깨닫지 못했습니다.

그의 집 문 앞에는 나사로가 있었지만 그는 건너가지 않았고, 나사로가 건너올 수 없도록 하늘에 닿을 듯한 대문을 세워 출입을 막았습니다.

그런데 내세에서는 큰 구렁텅이가 그들 사이를 가로막고 있습니다. 살아서 건너지 못하게 했던 그의 대문이 죽어서까지도 건너지 못하게 하는 큰 구렁텅이로 발전해 있습니다.

오늘 건너올 수 없는 나사로의 문제가 내일 건너갈 수 없는 자신의 문제가 되리라는 것을 부자가 깨달았다면 그의 집 문은 그렇게 닫혀 있지 않았을 것입니다.

여름이면 교회마다 국내외로 단기 선교와 봉사 활동을 떠납니다. 시간과 돈을 들여 그곳에 다녀오신 분들의 얼굴에는 '좋아 죽겠어요.'라는 말이 써 있고, 이것은 오늘 비유에 등장하는 부자가 결코 알수 없는 천국의 비밀입니다.

영어의 화법에 누군가 'Thank You'라고 하면 'My pleasure'라고 답하는 것이 있습니다. 이것은 '내가 더 고마워요. 내가 더 기뻐요. 내가 좋아서 한 건데요.'라는 뜻입니다.

그 'pleasure'가 부자가 맛보지 못한 천국의 조각이라고 생각합니다. 우리가 우리 곁에 있는 이웃들과 작은 교회들을 섬기며 할 말은 'my pleasure!'입니다. '여러분 때문에 행복합니다. 여러분 덕에 삽니다. 여러분께 제가 빚졌습니다.'

그렇게 주님의 지체 되어 섬기며 살아가면서 주님과 함께 천국의 조각을 미리 맛보는 믿음의 성도들이 되기를 바랍니다.

✽ 학습문제

(1) 부자의 집 앞에 살던 거지의 이름은 무엇입니까?
답 나사로입니다.
(2) 부자와 거지 나사로는 죽은 뒤에 어떻게 되었습니까?
답 나사로는 천사들에게 받들려 아브라함의 품에 들어가고, 부자는 음부에서 고통을 받았습니다.

✳ **기도**

하나님, 삶과 죽음이 연결되어 있음을 깨달아 이 땅에서의 삶을 바르게 살도록 인도하여 주시옵소서. 또한 이웃을 돌보며 섬김과 봉사의 삶을 사는 것이 결국은 나를 위한 것임을 깨달아 실천하며 사는 삶이 되게 하옵소서. 예수님의 이름으로 기도드립니다. 아멘

✳ **중보기도**

(1) 삶과 죽음이 연결되어 있음을 분명히 깨닫게 하소서.
(2) 섬김과 봉사의 삶을 구체적으로 이어가게 하옵소서.

✳ **만남의 준비**

마가복음 2:1~12을 읽고, 세상을 치유하고 회복하는 일에 우리를 부르신 주님의 뜻에 대해 묵상해 봅시다.

✎ memo

33. 교회의 선교적 사명

> 성경 : 마가복음 2:1~12(외울요절 12절)
> 찬송 : 539, 543(483, 342)장
> 주제 : 세상을 치유하고 회복시키는 일을 위해 우리를 부르신 주님의 뜻을 깨닫고, 이 사명을 위해 믿음으로 나아가기로 결단한다.

예수께서 다시 가버나움에 들어가셨을 때, 한 중풍병자를 침상에 메고 예수님께 온 네 사람은 수많은 사람들이 몰려들어 다가설 수 없었습니다.

그들의 앞을 가로막고 있던 것은 수많은 군중과 율법의 규정과 교리에 매여 이웃에게 무관심한 서기관들과 그 집의 지붕이었습니다.

이것은 각각 사회적 장애, 이념의 장애, 그리고 물리적·심리적 장애를 의미합니다.

그 순간 중풍병자를 멘 네 사람은 이 현실을 다 사람들 탓으로, 세상 탓으로, 그리고 운명 탓으로 돌릴 수 있었습니다. 그러나 그들은 뒤로 물러서지 않았습니다. 그 모든 방해에 맞섰고, 그 모든 방해를 뚫고, 마침내 예수님께 한 생명을 인도합니다.

어떻게 그럴 수 있었을까요?

그들에게는 다른 사람에게 없는 특별한 세 가지가 있었습니다.

1. 이웃에 대한 관심입니다

이 네 사람은 다른 사람들이 외면하였던 중풍병자, 쓰러져 누워 있는 그 사람을 아주 특별한 관심으로 바라보았습니다. 허다한 무리가 모여들었지만, 누워 있는 한 사람을 끌어안은 사람은 그 네 사람뿐이었습니다.

그들은 고통받는 이웃에 대한 관심을 공유하고 있었습니다. 관심이 없으면 고통받는 이웃 곁으로 갈 수 없습니다. 관심이 없으면 고민하는 이웃을 주님 앞으로 인도할 수 없습니다.

그들은 물질에 대한 손익 계산보다는 생명과 구원에 대해 우선적 관심을 두고 있었습니다. 고난받는 이웃에 대한 그들의 깊은 관심은 편견, 판잔, 손실, 몰이해, 이기심, 위험을 넘어 난치병을 고치는 직접적 동기가 되었습니다.

2. 믿음입니다

이 네 사람에게는 예수님에 대한 믿음이 있었는데, 특별히 중풍병자를 위해 표현된 그 믿음이 그들 속에서 하나를 이루고 있었습니다.

우리말 '믿음'으로 번역한 희랍어 '피스티스'는 'faith(믿음)'와 'faithfulness(미쁨)'를 동시에 의미합니다.

본문의 네 사람이 지닌 예수님을 향한 믿음이 'faith'라면, 친구를 향해 표현된 그 믿음은 'faithfulness'입니다. 가버나움의 4인조가 보여 준 '믿음'은 'faith'와 'faithfulness'가 하나가 된 온전한 믿음입니다.

그들은 예수님에 대한 확실한 소망이 있었습니다. 그리고 서로에 대한 진실한 사랑이 있었습니다. 그것은 행동으로 표현되는 '사랑으로써 역사하는 믿음'이었습니다. 이들의 믿음으로 인해 중풍병자는 결국 주님께로 나아갈 수 있었고, 주님을 만나게 되었고, 마침내 자리를 털고 일어서 나갈 수 있게 되었습니다.

3. 하나 됨입니다

이 네 사람의 손과 발은 하나가 되어 움직였습니다. 각자가 지닌 힘이 다르고, 키가 다르고, 성격이 다르지만 하나가 되어 사명을 이루었습니다.

사명을 위해 들것을 함께 멘 순간 모두가 소중한 사람이요, 모두가 필요한 사람이었습니다. 어느 하나 귀하지 않은 사람이 없었습니다.

오늘 네 사람의 모습은 부름받은 우리가 어떻게 사명을 이루어야 하는지를 보여 주고 있습니다. 오늘의 교회는 세상을 치유하며 회복시킬 사명이 있습니다.

우리가 이웃에 대하여 관심을 갖고, 예수님을 향한 온전한 믿음으로 하나 되어 나갈 때 우리는 세상을 치유하고, 회복시키는 주님의 역사를 이루어낼 수 있을 것입니다.

절망의 세상을 소망의 세상으로, 적대의 세상을 환대의 세상으로 바꾸려는 하나님의 구원 이야기를 위해 가벼나움의 용감한 4인조처럼 세상을 섬기는 믿음의 성도들이 되기를 바랍니다.

✽ 학습문제

(1) 한 중풍병자의 앞을 가로막고 있던 장애물은 무엇입니까?
㈰ 수많은 사람들, 서기관들의 편견, 지붕입니다.
(2) 예수님께서 중풍병자의 병을 고쳐 주신 이유는 무엇입니까?
㈰ 중풍병자를 메고 온 네 사람의 믿음 때문입니다.

❋ **기도**

　하나님 아버지, 세상을 치유하고 회복시키는 일에 부족한 저희들을 사용하여 주옵소서. 주 안에서 하나 되어 주님께서 맡기신 사명을 이루게 하여 주옵소서. 그 일을 위해 저희들의 믿음이 날마다 온전하게 하여 주옵소서. 예수님의 이름으로 기도드립니다. 아멘

❋ **중보기도**

　(1) 세상을 치유하고, 회복시키는 일에 주님의 도구가 되게 하소서.
　(2) 주님의 마음을 움직일 수 있는 믿음의 사람이 되게 하소서.

❋ **만남의 준비**

　요한복음 8:1~11을 읽고, 숨어 있는 악을 어떻게 이길 수 있을지에 대해 묵상해 봅시다.

✎ memo

34. 남자는 어디 있느냐?

> 성경 : 요한복음 8:1~11 (외울요절 11절)
> 찬송 : 292, 369(415, 487)장
> 주제 : 우리 속에 숨어 있는 악의 문제를 깨닫고, 악의 문제로 어려움을 당하는 사람들을 하나님의 사랑으로 회복시켜 세상으로 내보내는 것이 선으로 악을 이기는 일임을 깨닫는다.

 어느 날 아침, 예수님께서 성전에서 백성들을 가르치고 계실 때였습니다. 서기관들과 바리새인들이 간음하던 현장에서 붙잡은 한 여인을 끌고 왔습니다. 율법에 의하면 간음하다가 현장에서 붙잡힌 사람은 돌로 쳐서 죽이도록 되어 있습니다.
 그런데 본문에는 간음한 여자만 있고, 간음한 남자는 보이지 않습니다. 현장에 있던 남자는 어디로 사라진 것일까요? 우리는 희랍어 성경에서 그 이유를 알 수 있습니다.
 본문 4절에 우리말 '간음하다가'로 번역한 희랍어 '모이큐오메네'는 '모이큐오' 동사의 수동태 현재분사입니다. 그러므로 정확한 번역은 '간음당하다가'입니다.
 이 단어가 우리에게 알려 주는 것은 힘의 불균형입니다. 붙잡힌 여인의 간음이 적어도 자발적이지 않았다는 뜻입니다. 간음한 여인을 잡아온 유대인 남자들의 마음에는 이 여자를 살려둘 수 없다는 생각뿐입니다. 그리고 그녀의 목숨을 두고 예수님을 시험하고 있습니다.

1. 숨어 있는 악을 깨달으라

예수님은 "너희 중에 죄 없는 자가 먼저 돌로 치라"(요 8:7)라는 말씀을 통해서 저들의 요구에 답을 주시지 않고, 오히려 저들의 요구 속에 숨은 악을 깨닫게 하셨습니다. '간음당한' 여인을 둘러싼 이 사건의 최대 함정은 죄가 무리 가운데 숨어 있다는 사실입니다.

오늘 우리가 살아가는 이 사회에도 숨어 있는 죄가 있음을 우리는 부정할 수 없습니다. 수년 전, 지하철의 안전 문을 정비하던 한 청년의 안타까운 죽음이 우리 사회를 큰 슬픔과 충격에 빠지게 했습니다. 이 사건을 다룬 주요 일간지 신문들마다 '누가 열아홉 살 김 군을 타살했는가?'라는 제목을 붙였습니다.

누가 이 청년을 죽게 만들었습니까? 숨어 있는 악이라고 생각합니다. 그 악은 사람을 사랑하지도 않고 존중하지도 않는 물질주의, 서로를 돌보지도 않고 배려하지도 않는 이기주의입니다.

우리는 우리 가운데 숨어 있는 악을 인정하며 동시에 우리의 악함을 고백해야 합니다.

2. 회복의 은혜

여인을 정죄하던 사람들이 다 사라지자 예수님은 그 여인에게 "나도 너를 정죄하지 아니하노니 가서 다시는 죄를 범하지 말라"(요 8:11)라고 말씀하십니다.

의로우신 주님은 여인에게 아무것도 묻지 않으십니다. 마치 "딸아, 여인아, 내가 다 안다." 하고 말씀하시는 것 같습니다.

주님은 이 여인을 자유로운 사람으로 회복시켜서 돌려보내십니다.

그녀와 주님과의 만남은 그녀를 죽음에서 생명으로, 포승줄에 붙들린 몸에서 자유의 몸으로 만드셨고, 마침내 새로운 삶, 변화된 삶을 살 수 있게 만들었습니다.

예수님께서 여인에게 하신 말씀은 '다시 살 수 있다.'는 확신의 말씀이요, '잘 살아야 한다.'는 사명의 말씀이었습니다.

3. 선으로 악을 이기라

우리가 우리 가운데 숨어 있는 악에 대하여 대처하는 가장 좋은 방법은 악보다 더 센 것으로 맞서는 것입니다. 그것은 바로 선입니다.

로마서 12:21은 "선으로 악을 이기라"라고 말씀합니다. 우리가 선한 일을 도모하고 실천하면, 우리 가운데 숨어 있는 악을 반드시 극복하고 이길 수 있습니다.

우리가 지금보다 더 낮은 곳으로, 더 먼 곳으로, 더 깊은 곳으로 나아가 숨어 있는 악과 맞서 싸워 약자를 돕고 화복시켜 세상에 나아갈 수 있도록 수많은 선한 일을 도모하고 실행하는 것은, 주님의 몸 된 교회와 함께 천국의 선한 싸움을 싸우는 일입니다.

이 싸움에서 승리하는 여러분이 되기를 바랍니다.

✱ 학습문제

(1) 본문의 한 여인이 예수님 앞에 끌려온 죄목은 무엇입니까?
답 간음입니다.
(2) 예수님께서 여인을 정죄하는 서기관들과 바리새인들에게 하신 말씀은 무엇입니까?
답 "너희 중에 죄 없는 자가 먼저 돌로 치라"(요 8:7).

✽ 기도

하나님 아버지, 세상에는 숨어 있는 악이 너무나 많습니다. 저희들 속에도 여전히 악이 숨어 있습니다. 복음의 빛을 비추셔서 숨은 악이 드러나게 하시고, 복음의 능력으로 행하는 선이 모든 악을 이기게 하옵소서. 예수님의 이름으로 기도드립니다. 아멘

✽ 중보기도

(1) 숨어 있는 악의 문제가 복음의 빛으로 드러나게 하소서.
(2) 복음으로 행하는 모든 선이 악을 이기게 하소서.

✽ 만남의 준비

마태복음 25:31~36을 읽고, 예수님을 따라 사는 삶에 대해 묵상해 봅시다.

✎ memo

35. 예수께서 오실 때에

> 성경 : 마태복음 25:31~36 (외울요절 34절)
> 찬송 : 179, 324(167, 360)장
> 주제 : 낮은 곳에 임하신 예수님을 섬기는 마음으로 세상의 작은 자들을 섬기는 것이, 예수님의 제자로 살아가야 할 우리의 모습임을 깨닫는다.

성경은 장차 예수님께서 재림하실 때에 모든 사람이 두 그룹으로 나뉘어 심판을 받게 될 것이라고 말씀합니다. 그것은 곧 구원받을 자와 구원받지 못할 자의 그룹입니다.

예수님의 오른편은 복 받은 자들이며, 왼편은 저주를 받은 자들입니다. 이 심판의 기준은 예수님입니다. 그러므로 우리는 예수님을 잘 알아보아야 합니다.

1. 작은 자로 찾아오신 예수님

예수님은 작은 자들과 함께하시기 위해 더욱 낮아지셨습니다. 우리는 작은 자들에게서 주님을 볼 수 있어야 하고, 주님에게서 '작은 자'를 볼 수 있어야 합니다.

작은 자란 보답할 능력이 없는 사람들을 말합니다. 그러므로 작은 자를 섬기는 것과 하나님을 섬기는 것이 다르지 않습니다.

오늘 하나님께서 우리에게 기대하시는 것은 어려운 일이 아닙니다. 나의 시간, 물질, 마음을 나누는 것입니다. 그것을 어떻게 나누고 어떻게 사용하는가가 나의 영적인 현주소를 나타내고 있습니다.

우리의 많고 적음이 문제가 아니라, 우리가 지금 가진 것으로 무엇을 할 수 있느냐가 더 중요한 문제입니다.

2. 작은 자를 위한 대책

어느 시인의 고백입니다.

어느 추운 겨울날 아침, 그는 골목 어귀에서 떨고 서 있는 거지 한 사람을 보았다. 그는 하나님께 따졌다. "하나님, 도대체 저런 사람은 어떻게 된 것입니까? 무슨 대책을 세워 주셔야지요." 하나님이 말씀하셨다. "나는 이미 대책을 세웠노라." 그는 또 물었다. "그 대책이 도대체 무엇입니까?" 하나님은 이렇게 말씀하셨다. "네가 바로 그 대책이니라."

심판의 날에 하나님은 우리에게 무엇을 행하였는가를 물으실 것입니다. 그리고 겸손과 섬김이라는 알맹이가 빠진 신앙생활을 한 신자들에게 심판의 날에 주님의 불호령이 떨어질 것입니다.

"나더러 '주님, 주님' 하고 부른다고 다 하늘나라에 들어가는 것이 아니다 …… 나는 너희를 도무지 알지 못한다"(마 7:21~23, 공동번역).

3. 거듭난 그리스도인의 모습

예수님의 비유에서 양은 거듭난 그리스도인을 상징합니다. 그는 중생한 자로 온유, 희생, 돌봄, 섬김, 나눔, 배려, 호의, 자비, 겸손한 모습으로 나타납니다.

염소는 거듭나지 않은 자연인입니다. 그는 욕심, 고집, 편견, 교만, 불순종, 공명심으로 나타납니다. 염소는 이기적입니다. 자기밖에 없습니다. 약자를 배려하지 못합니다.

그러나 양은 그들을 섬깁니다. 그들을 사랑합니다. 그들의 사랑은 추상적이지 않습니다. 그리고 너무 어렵지도 않습니다. 얼마든지 일상생활에서 실천할 수 있는 것입니다.

주님은 오늘도 변장하신 모습으로 우리에게 다가오십니다. 세상이 깨닫지 못하는 모습으로 우리에게 다가오십니다. 그러므로 우리는 세상과 반대의 길을 걸어가야 합니다.

세상이 강한 것, 높은 곳, 부와 명예를 추구할 때 우리는 약한 것, 낮은 곳, 이름 없이 빛도 없이 섬김과 봉사를 감당할 수 있는 곳으로 찾아가야 합니다.

하늘 보좌와 영광을 버리고 가장 낮은 곳에 임하신 주님을 따라 주님의 길을 걸어가는 성도들이 되기를 바랍니다.

✽ 학습문제

(1) 예수님께서 재림하실 때에 오른편과 왼편으로 나뉘는 기준은 누구입니까?

답 예수님입니다.

(2) 예수님께서 오른편에 선 사람들을 칭찬하신 이유는 무엇입니까?

답 "내가 주릴 때에 너희가 먹을 것을 주었고, 목마를 때에 마시게 하였고, 나그네 되었을 때에 영접하였고, 헐벗었을 때에 옷을 입혔고, 병들었을 때에 돌보았고, 옥에 갇혔을 때에 와서 보았느니라"(마 25:35~36).

✽ 기도

하나님 아버지, 낮은 곳으로 오신 예수님을 섬기는 마음으로 세상의 작은 자들, 약한 자들을 잘 섬기는 저희가 되기를 원합니다. 그곳을 찾아가 예수님을 섬기듯이 행하게 하시고, 예수님의 사랑으로 섬길 때에 그곳이 아름답게 변하고, 예수님의 사랑이 널리 퍼지게 하옵소서. 예수님의 이름으로 기도드립니다. 아멘

✽ 중보기도

(1) 낮은 곳으로 오신 예수님을 따라 낮은 곳으로 향하게 하소서.

(2) 예수님을 섬기는 마음으로 세상을 섬기게 하소서.

✽ 만남의 준비

고린도전서 3:1~4을 읽고 제자의 삶에 대해 생각해 봅시다.

✎ memo

36. 신앙의 성숙은 훈련이 필요합니다

성경 : 고린도전서 3:1~4(와울요절 1절)
찬송 : 430, 191(456, 427)장
주제 : 믿음의 성장은 어린아이 같은 습성을 버리는 것에서부터 출발한다. 내 중심의 삶에서 하나님 중심의 삶으로 변화되고, 성숙한 믿음을 갖는 제자의 삶을 결단한다.

최근 교회를 떠나는 사람들이 많다고 합니다. 이유를 물으니 목회자에게 실망해서 교회를 떠난다는 대답이 가장 많았습니다.

실망스런 목회자들, 참 많습니다. 그런데 다른 한편으론 실망스런 교인들도 참 많습니다. 그래서 목회자들도 교회를 떠나고 싶다고 하소연하는 아이러니한 상황이 일어납니다.

그런데 떠난다고 문제가 해결되지는 않습니다. 우리의 실망스런 모습은 하나님의 능력으로 회복되어야 할 일이지 피하거나 떠난다고 해결되는 것이 아닙니다.

바울이 고린도교회 교인들에게 실망했지만 여전히 기대감을 갖고 있는 것처럼, 하나님도 우리를 보고 실망하시지만 여전히 기대를 버리지 않으십니다.

그렇기에 떠날 게 아니라 회복을 위해 하나님을 바라봐야 합니다. 그런 마음을 갖고 9월 한 달 동안 '제자의 삶을 배우는 영성훈련'에 대해 고민해 보며 내 삶에 어떤 부분이 회복되고 성장해야 할지 점검해 보는 시간이 되길 바랍니다.

1. 어린아이의 습성을 버리십시오

한인 1.5세로 한국말이 매우 서툴렀던 미국의 어느 목사님이 한번은 이렇게 기도했다고 합니다. "하나님, 우리 성도님이 성령으로 충만하고, 영적으로, 육적으로, 성적으로 충만케 하여 주옵소서." 이 기도를 들었던 교인들이 웃음을 참느라 아주 힘들었다고 합니다.

어떤 교회에서는 2세 목사님이 한인교인들에게 교회에 늦은 이유를 설명하며 어머니의 "육갑잔치 때문에……"라고 이야기를 했다고 합니다.

언어는 오랜 세월 축적된 것이라 쉽게 바뀌지 않습니다. 영어만 사용하다가 한국어를 사용하려니 쉽지 않은 것입니다. 영어를 습득한 세월만큼 지나야 한국어가 자연스러워질 것입니다.

신앙의 습관도 마찬가지입니다. 신앙의 성숙이 이뤄지려면 어린아이 같은 습성을 버리는 훈련이 필요합니다. 하나님의 뜻을 살피고 그 뜻을 위해 내 욕심과 고집을 버리는 훈련이 필요한 것입니다. 이것은 하루아침에 되지 않습니다. 오랜 세월 인내하고 자신과 싸우며 훈련해야 합니다. 훈련하지 않으면 옛 습관대로 돌아가기 때문입니다.

사도 바울에 의하면 고린도교회에서 일어난 문제는, 어린아이 같은 신앙에서 드러난 문제였습니다. 어린아이는 타인의 생각이나 마음을 살피지 않습니다. 자기의 생각과 마음, 습관을 고집할 뿐입니다.

또 어린아이는 자기가 원하는 것을 절대로 포기하지 않습니다. 어린아이 같은 신앙이란, 이처럼 하나님의 뜻을 살피지 않고 옛 사람의 욕심과 습관을 고집하면서 자기 욕망을 절대로 포기하지 않는 것입니다.

오랜 세월 신앙생활하는 데도 영적으로 성장하지 못하는 것은 이 때문 아닐까요? 우리가 신앙의 성숙을 위해 훈련하지 않으면 교회의 타락으로 이어지게 된다는 사실을 기억해야 합니다.

2. 나를 위해 싸우고 있습니까, 주님을 위해 싸우고 있습니까?

예수님은 공생애를 시작하시면서 제자들을 불렀습니다. 베드로, 안드레, 야고보, 요한은 갈릴리 바닷가에서 고기를 잡다가 예수님의 부르심을 받았습니다. 예수님이 부르실 때 그들은 자기의 생업을 버리고 그 길로 주님을 좇았습니다.

어떻게 그럴 수 있었을까요? 이제 더 이상 내 중심의 삶을 살지 않겠다고 결단하지 않고는 주님의 부르심에 모든 것을 버려두고 달려갈 수 없습니다.

모든 것을 버려두었다는 것이 삶을 포기하거나 세상과 등지겠다는 의미는 아닙니다. 주님께 속한 자로서 내 삶의 중심을 주님으로 바꾸겠다는 의미입니다. 좀 더 구체적으로 말하면, '더 이상 내 성질대로 살지 않겠습니다. 더 이상 욕심대로 살지 않겠습니다. 더 이상 본능이 시키는 대로 살지 않겠습니다.' 하는 고백인 것입니다.

✽ 학습문제

(1) 성숙한 믿음을 가지려면 어떻게 해야 합니까?

답 어린아이와 같은 습성을 버리고 반드시 성장하기 위한 '훈련'을 해야 합니다.

(2) 고린도교회 성도들처럼 자신의 기득권을 위해 파를 나눠 싸우던 모습은 없었는지 돌이켜 봅시다.

답 우리 안에 있는 세상적인 욕심과 욕망으로 인해 분열하는 모습은 없었는지 점검해 보는 시간을 가져 봅시다.

✱ 기도

하나님, 어린아이의 믿음으로 만족하는 사람이 아닌, 예수님의 모습을 닮아가고 성장하기 위해 내 마음과 생각을 단련하고 훈련하는 데 힘쓰는 주의 자녀 되게 하소서.

예수님의 이름으로 기도합니다. 아멘

✱ 중보기도

(1) 우리 구역(속)에 속한 성도들이 어린아이의 믿음에 머물지 않고 그리스도의 장성한 분량에 이르기까지 성장하는 믿음을 갖게 하소서.

(2) 우리 교회가 저마다의 욕심과 생각을 버리고, 주님의 몸 된 지체답게 하나 됨을 이루는 건강한 교회 되게 하소서.

✱ 만남의 준비

고린도전서 3:5~9을 읽고, 이해할 수 없는 상황 속에서 어떻게 기도하는 것이 성숙한 믿음의 자세인지 생각해 봅시다.

✎ memo

37. 다 이해할 수 없을지라도

> 성경 : 고린도전서 3:5~9(외울요절 7절)
> 찬송 : 374, 440(423, 497)장
> 주제 : 이해할 수 없는 상황 속에서도 그 가운데서 일하시는 하나님의 성품과 계획을 인정하고, 하나님과의 친밀함을 누리는 건강한 기도를 통해 성숙한 제자의 삶을 결단한다.

우리는 이해할 수 없는 일을 당했을 때 "하나님, 왜죠?" 하고 묻습니다. 하지만 이해하지 못한다고 인생이 잘못된 것은 아닙니다. 우리가 이해할 수 없는 그 순간에도 하나님이 일하고 계시기 때문입니다. 성숙한 믿음은 우리 삶 가운데 일하시는 하나님의 손길에 순종하는 것입니다.

1. 이해할 수 없다고 잘못된 것은 아닙니다

유진 피터슨은 「메시지」에서 오늘 본문의 7절 부분을 다음과 같이 썼습니다. "심는 일과 물을 주는 일은 종들이 약간의 급료를 받고 하는 허드렛일에 불과합니다."

하나님 앞에서 우리가 하는 일이란 정말 허드렛일에 불과할지도 모릅니다. 그러니 우리가 하는 일 중에 무엇은 중요하고 무엇은 중요하지 않다고 말할 수 없는 것입니다. 때로 하인은 주인이 시키는 일을 할 뿐이라서 그 일을 왜 하는지 이해하지 못할 수 있습니다.

하지만 씨를 심는 일이든 물을 주는 일이든 그것을 주관하는 분이 하나님이시기에 그분의 뜻 안에서 이뤄지는 모든 일이 중요하다는 사실을 알아야 합니다. 이해하지 못했거나 허드렛일같이 보일지라도 말입니다.

아서 애시는 그랜드 슬램을 세 번이나 달성했고 윔블던에서 우승을 했던 1960~70년대 테니스 스타였습니다. 이처럼 승승장구를 거듭하던 아서 애시가 어느 날 이해할 수 없는 상황을 맞이하게 됩니다. 갑작스런 심장마비로 수술을 하게 되었고, 그 수술 과정 중에 에이즈에 감염된 피를 수혈받으며 결국 그의 나이 50세에 세상을 떠나고 말았습니다.

투병 중이던 그에게 한 팬이 물었습니다.

"하나님은 왜 당신에게 그같이 나쁜 병에 걸리게 했을까요?"

아서 애시는 다음과 같이 대답했습니다.

"전 세계 5천만 명의 어린이들이 테니스를 칩니다. 그중 500만 명이 테니스를 정식으로 배웁니다. 그중 50만 명이 직업선수가 됩니다. 그중 5만 명이 리그전에 참여합니다. 그중 5천 명이 그랜드 슬램 대회에 참여할 자격을 얻습니다. 그중 50명이 윔블던에 참여할 자격을 얻습니다. 그 중 네 명이 준결승에 진출하고, 그 중 두 명만이 결승전에 오릅니다. 제가 윔블던 우승컵을 들었을 때, 저는 그때 하나님께 '왜 접니까?'라고 묻지 않았습니다."

2. 하나님의 마음을 구하십시오

고린도교회 성도들은 세상의 지식과 기준으로 교회를 세워가려 했으나 결국 실패해서 분열만 일어났습니다. 마찬가지로 한국 교회도 지금 하고 있는 많은 사역이 하나님을 아는 지식으로 하고 있는 것인지 돌아봐야 합니다.

오늘날 교회가 세상이 하지 못하는 일을 많이 하는데도 불구하고 신뢰와 존경을 받지 못하는 이유는 그들에게 하나님의 마음이 보이지 않기 때문입니다.

고린도교회를 향한 사도 바울의 외침 속에 우리에게 말씀하시는 하나님의 외침이 들려옵니다. "우리 중에 누가 심었든, 누가 물을 주었든 그것을 자라게 하시는 분은 하나님이십니다."

성숙한 믿음을 갖기 위한 영적훈련에서 그 무엇보다 중요한 한 가지는 기도하는 것만큼이나 내 기도의 내용을 점검하는 것입니다. 우리의 기도가 내용 없이 형식적인 기도에 머물 때 거짓된 종교가 될 수 있기 때문입니다.

어떤 이들은 기도를 커피 자판기처럼 생각합니다. 돈을 넣으면 커피가 나오는 것처럼 우리가 기도하면 응답이 나와야 한다고 생각합니다. 그러나 하나님의 마음을 아는 그리스도인은 기도해도 응답이 없거나 지연되면 하나님의 뜻을 알기 위해 더욱 기도합니다.

기도의 결과가 아닌, 기도의 과정 속에서 하나님을 더 깊이 알아가는 성숙한 제자들이 더욱 많이 세워지길 기대합니다.

✽ 학습문제

(1) 이해할 수 없는 하나님의 뜻 앞에서 나의 첫 번째 반응은 무엇이 되어야 합니까?

답 인생을 주관하시는 하나님의 뜻을 알기 위해 기도해야 합니다.

(2) 우리가 하나님께 올려드리는 기도를 커피 자판기같이 생각하고 있는 것은 아닌지 점검해 봅시다.

답 기도의 과정보다 응답에만 치중하고 있지 않은지 살펴봅시다.

✽ 기도

하나님, 이해할 수 없는 상황 속에서 늘 불평과 원망을 일삼았던 나의 어리석음을 내려놓고, 나보다 나를 더 잘 아시는 주님께서 가장 좋은 길로 이끄시고 인도하실 것을 기대하며 살게 하소서. 하나님의 마음과 뜻을 분별할 수 있는 지혜와 계시의 영을 부어 주소서.

예수님의 이름으로 기도합니다. 아멘

✽ 중보기도

(1) 이해할 수 없는 문제로 인해 기도할 때 그 모든 상황 속에서 가장 선한 길로 인도하실 하나님을 기대하며 만나게 하소서.

(2) 결과와 응답만을 구하는 기도가 아니라, 기도를 통해 하나님의 성품을 알아가고 믿음이 성장하는 주님의 제자가 되게 하소서.

✽ 만남의 준비

고린도전서 3:16~23을 읽고 세상의 지혜와 하나님의 지혜 사이에서 어떻게 사는 것이 제자의 삶인지 생각해 봅시다.

✎ memo

38. 하나님의 지혜로 살아가십시오

> 성경 : 고린도전서 3:16~23(외울요절 18절)
> 찬송 : 463, 449(518, 377)장
> 주제 : 제자의 삶을 산다는 것은 세상의 방법을 내려놓고 하나님의 방법대로 살아가는 것이다. 세상의 지혜를 따르지 않고 하나님의 지혜로 진정한 승리를 경험하는 제자의 삶을 결단한다.

 짐 심발라의 「성령으로 다시 시작하라」에는 하나님을 믿고 인생의 빛깔이 달라진 어느 모델의 이야기가 나옵니다.
 세상의 방식으로 살던 그 모델은 친구의 권유로 예배에 참석한 뒤 하나님이 자신을 부르셨음을 깨달았습니다. 그러자 그를 둘러싼 삶의 패턴이 전혀 새롭게 보이기 시작했습니다.
 가령, 지금까지 수없이 참석하며 아무렇지 않게 즐겼던 파티에서 이제는 그리스도인으로서 해선 안 될 행동들이 보이기 시작했고, 모델로 활동한 속옷 광고가 선정적으로 보이기 시작했으며, 자신의 옷차림이 눈에 거슬리기 시작한 것입니다.
 그래서 그는 더 이상 파티 문화를 즐기지 않게 되었고 광고 모델 활동도 선택적으로 했으며 옷차림도 조심했습니다.
 하나님의 시선으로 자신 안에 있는 것을 들여다본 후 하나님의 것으로 새롭게 채우기 시작한 것입니다. 오늘은 세상의 문화 속에서 제자로서 살아가기 위해 어떤 선택을 해야 하는지 살펴보겠습니다.

1. 내 안에 있는 비(非) 거룩을 발견하십시오

제사장 엘리의 두 아들 홉니와 비느하스는 늙어버린 아버지를 대신해 제사장 직무를 수행해야 했지만 마땅히 지켜야 할 규율도 무시하고, 제물에 욕심을 부렸으며 회막 어귀에서 일하는 여인들과 거리낌 없이 잠자리를 같이 했습니다.

성경은 홉니와 비느하스뿐만 아니라 두 아들을 제대로 가르치지 못했던 엘리 또한 동일한 책임이 있음을 보여 줍니다. 사무엘상 4장을 보면 이들의 최후가 소개됩니다. 아들들은 블레셋과의 싸움에서 죽임을 당했고, 백성은 법궤를 끌고 전쟁터에 나갔다가 빼앗기는 수치를 당했으며, 엘리는 의자에서 떨어져 목이 부러져 죽었습니다.

"보라 내가 네 팔과 네 조상의 집 팔을 끊어 네 집에 노인이 하나도 없게 하는 날이 이를지라"(삼상 2:31).

하나님의 경고가 그대로 이뤄진 것입니다. 우리가 착각하는 것이 있습니다. 교회에 출석하고 예배드리고 말씀만 읽으면, 그 행위 때문에 하나님이 우리를 지켜 주실 것이라고 착각합니다. 그러나 하나님의 임재를 상징하는 법궤라도 거룩함을 잃은 백성을 지켜 주지는 못합니다. 하나님을 멸시하는 백성에게 말씀은 더 이상 능력이 되지 않는 것과 같은 이치입니다.

오늘날 말씀의 능력이 사라졌다, 교회에 힘이 없어졌다고 말하지만, 이는 곧 교회와 성도가 거룩함을 잃어버렸다는 의미입니다. 그리고 거룩함을 잃은 교회는 하나님이 지켜 주시지 않습니다. 하나님의 경고를 듣고도 방관하면 참담한 결과만이 기다릴 것입니다.

2. 바보처럼 사는 것이 지혜입니다

창세기 26장에는 이삭이 그랄 지방의 목자들에게 반복해서 우물을 빼앗기는 장면이 등장합니다. 세상 지혜는 빼앗긴 우물을 다시 찾아오는 것입니다. 그리고 내가 판 우물을 목숨 걸고 지켜야 합니다.

하지만 하나님의 지혜는 싸우고 경쟁하고 갈등하는 것이 아니라 양보하는 것입니다. 당장은 이것이 미련하고 어리석어 보일 수 있습니다. 그러나 마침내는 세상의 지혜를 굴복시키는 참 지혜임이 판명납니다. 이삭이 그를 넓히시고 번성케 하시는 하나님의 약속의 우물 '르호봇'(창 26:22)을 만났던 것처럼 말입니다.

리빙 바이블에서는 "사람을 자랑하지 말라"라는 오늘 본문 21절을 "세상의 지혜로운 자를 따라가는 것을 자랑하지 말라"라고 번역했습니다. 세상 편에서는 미련하고 어리석은 결정이지만 하나님 편에서 지혜로운 결정을 하십시오. 제자의 삶은 성숙한 선택을 통해 성장합니다. 비록 바보같이 사나 주님의 제자다운 지혜로운 자가 되기로 결정하십시오. 세상의 방법이 아닌 하나님의 방법을 통해 진정한 승리를 주님께서 허락하실 것입니다.

✱ 학습문제

(1) 엘리와 그의 두 아들이 가졌던 가장 큰 착각은 무엇입니까?

답 거룩함을 잃어버린 채 제사장이라는 이름과 법궤라는 형식에 능력이 있다고 생각했습니다.

(2) 하나님의 지혜로 살아가기 위해서 우리가 제일 먼저 해야 할 것은 무엇입니까?

답 세상의 방법과 지혜를 내려놓는 것입니다.

✽ 기도

하나님, 죄로 물든 이 세상 속에서 세상의 지혜가 아닌 하나님의 지혜로 살기를 결단한 우리 모두에게 동행해 주셔서 세상이 감당할 수 없는 제자, 참된 지혜의 사람이 되게 하소서.

예수님의 이름으로 기도합니다. 아멘

✽ 중보기도

(1) 비(非) 거룩함이 만연한 이 세상 속에서 한국 교회가 하나님의 거룩함을 회복하기 위한 치열한 도전을 시작하게 하소서.

(2) 우리가 섬기는 가정과 교회들마다 세상의 이치와 방법이 아닌 하나님의 뜻과 인도하심대로 나아가는 믿음의 공동체 되게 하소서.

✽ 만남의 준비

고린도전서 4:9~17을 읽고 삶을 통해 예수님을 드러내는 그리스도인의 정체성에 대해 생각해 봅시다.

✎ memo

39. 우리의 정체성은 예수 그리스도입니다

> 성경 : 고린도전서 4:9~17 (외울요절 16절)
> 찬송 : 455, 442(507, 499)장
> 주제 : 제자의 삶을 살아간다는 것이 어떤 의미가 있는지 살펴보고, 우리의 삶을 통해 하나님이 기뻐하시는 제자가 되길 결단한다.

사도 바울은 고린도교회의 성도들에게 "너희는 나를 본받는 자가 되라"(고전 4:16)라고 권면합니다.

나를 본받으라는 바울의 글 속에서 당당함을 엿볼 수 있습니다. 우리는 반대로 나를 보지 말고 하나님을 보라고 말합니다. 겸손한 말 같지만, 사실은 하나님 뜻을 따라 살지 않으므로 자기 신앙에 자신이 없는 말이기도 합니다. 오늘은 영향력 있는 제자의 삶을 살아내기 위해 우리의 정체성을 점검해 보는 시간을 가져 봅시다.

1. 삶 자체가 메시지가 되십시오

「당신이 메시지다」의 저자 케리 슉은 하나님의 사람으로 살아간다는 것은 단순히 말씀을 배우고 아는 것이 아니라 삶 자체가 메시지가 되는 것이라고 말합니다. 바울이 "나를 본받으라"라고 한 것도 이와 다르지 않습니다. 우리가 바른 신앙의 길을 가고 있을 때 자녀들에게 "아빠처럼, 엄마처럼 살아라."라고 할 수 있습니다.

하지만 많은 부모들이 "엄마 아빠는 그렇게 못 살았지만, 너는 잘 살아야 한다."라고 말합니다. 그래서 젊은 자녀들은 부모를 교과서가 아니라 참고서로 생각합니다.

그런데 사실 하나님을 믿는다는 사람들도 성경을 교과서가 아닌 참고서로 생각합니다. 대충 참고만 하고 살아가기 때문입니다. 그래서 우리는 바울처럼 "나를 본받으라."라고 말할 수 없는 것입니다.

언젠가 한 국회의원이 국정원 사태를 이야기하면서 "어떻게 무조건 믿으래? 국정원이 교회야?"라고 했다가 교회의 뭇매를 맞았습니다. 교회를 다닌다는 사람들이 그 국회의원에게 당장 사죄하지 않으면 국회의원 배지 달지 못하게 하겠다고 으름장을 놓았습니다.

국회의원의 말에 실수가 있는 것도 사실이지만, 교회가 하는 일에서 더 이상 예수님이 드러나지 않고 있다는 현실이 더 문제가 아닐까요?

2. 교회의 정체성은 복음으로 사는 것입니다

"그리스도 안에서 일만 스승이 있으되 아버지는 많지 아니하니 그리스도 예수 안에서 내가 복음으로써 너희를 낳았음이라"(고전 4:15).

바울은 자신을 고린도 교인들을 낳은 아비라고 생각하고 있습니다. 그만큼 그곳 교인들을 향한 바울의 심정이 아비가 자녀를 생각하는 마음이었던 것입니다.

당시 헬라 문화에서 스승이란 지금의 선생님과 조금 다릅니다. 영어 성경은 스승을 'trainer' 혹은 'tutor'로 번역하고 있습니다. 한자로는 몽학 선생이라 할 수 있습니다.

당시 귀족들은 아이를 낳으면 잘 키워야겠다는 생각으로 데리고 있던 노예 중에 신실하고 머리도 좋고 학식도 있고 순종도 잘하고 덕도 있는 아주 모범적인 노예를 붙여서 가르치고 돌보게 했습니다. 이것이 바로 몽학 선생입니다. 하지만 스승은 잘 가르칠 수는 있어도 아버지는 아닙니다.

바울이 말한 아비는 생물학적인 아버지가 아니라 대를 이어 믿음의 가문을 잇는 아버지입니다. 믿음의 유업을 잇는 부자지간인 것입니다. 이처럼 바울은 고린도교회의 성도들을 단순한 제자가 아니라 유업을 잇는 자녀로 여겼습니다.

우리 모두가 자녀 또는 믿음의 유업을 물려주고 싶은 지체들에게 "나를 본받으라."라고 말할 수 있다면 얼마나 좋을까요?

우리의 가정과 교회 그리고 일터에서 이처럼 제자로서의 정체성을 가지고 복음으로 살아내는 성도들이 점점 더 많아진다면, 하나님이 얼마나 기뻐하실까요?

우리의 정체성은 세상과 싸우는 것이 아닙니다. 세상과 등지는 것도 결코 아닙니다. 복음의 삶을 통해 삶 자체가 메시지가 되어 세상 속에서 하나님을 드러내고, 하나님과 세상을 이어 주는 구원의 다리가 되는 것이야말로 모든 성도의 정체성입니다.

✱ 학습문제

(1) 하나님의 사람으로 살아간다는 것은 어떤 의미입니까?
답 단순히 말씀을 배우고 아는 것이 아니라 삶 자체가 메시지가 되는 것입니다.

(2) 세상 가운데서 그리스도인이 가져야 할 정체성은 무엇입니까?
답 하나님을 드러내고, 하나님과 세상을 이어 주는 구원의 다리가 되어야 합니다.

✱ 기도

하나님, 이 세상에 하나님을 소개하고 드러낼 수 있도록 나의 삶을 사용해 주옵소서. 더 이상 종교생활 뒤에 숨어 적당한 믿음으로 타협하는 인생이 아닌, 나의 정체성을 깨닫고 구원의 다리가 되어 하나님과 세상을 이어 주는 인생이 되게 하소서.

예수님의 이름으로 기도합니다. 아멘

✱ 중보기도

(1) 한국 교회 안에 영적 자녀들에게 믿음을 증명해 내고 본을 보일 수 있는 영적 아버지들이 더욱 많이 세워지게 하소서.

(2) 하나님과 세상을 이어 주는 다리로서의 정체성을 기억하며 가는 곳마다, 만나는 사람들마다 그리스도의 향기를 전하게 하소서.

✱ 만남의 준비

요한복음 20:19~23을 읽고 부활하신 예수님의 모습 속에 나타난 선교의 의미를 생각해 봅시다.

✎ memo

40. 선교, 보내심을 받다

> 성경 : 요한복음 20:19~23 (외울요절 21절)
> 찬송 : 495, 505(271, 268)장
> 주제 : 성부 하나님께서 성자 예수님을 이 땅에 보내셔서 하나님나라의 일을 하게 하셨듯이, 예수 그리스도는 자신을 따르는 사람들을 세상에 보내셔서 그 일을 계속하게 하신다. 이 모든 일이 선교이다.

어느 교회의 청년들이 여름 단기선교를 떠났습니다. 한 농촌 지역을 방문해서 밭에서 일도 도와드리고 마을 회관에 벽화도 아름답게 그렸습니다. 그런데 그날 저녁 한 청년이 그 팀을 인솔하고 계시던 목사님께 "그런데 목사님, 저는 제가 오늘 한 일들이 왜 선교인지 잘 모르겠습니다."라고 말했습니다.

어떤 교회에서 각 사역 부서를 대표하는 장로님들께서 사역 협의를 위한 회의를 진행하고 있었습니다. 선교부장의 보고가 끝난 후 장로님 한 분이 선교부장에게 물었습니다.

"장로님, 선교와 전도는 어떻게 다릅니까?"

여러분이 이런 질문을 받으신다면 어떻게 대답하시겠습니까?

10월 한 달 동안 우리는 '복음의 지평을 넓히는 선교'에 대해 배우고 나누고자 합니다. 오늘은 그 첫 시간으로 선교가 무엇인지에 관해 생각해 보겠습니다.

1. '나도 너희를 보내노라'

선교(mission)라는 말의 라틴어 어근은 '보내고 보냄을 받는다.'는 개념을 담고 있습니다. 신약성경에서 이 개념을 잘 드러내고 있는 말씀이 요한복음에 기록되어 있습니다. 예수님의 말씀입니다. "아버지께서 나를 보내신 것 같이 나도 너희를 보내노라"(요 20:21).

성부 하나님께서 성자 예수님을 이 땅에 보내셔서 하나님의 일을 하게 하셨습니다. 그리고 예수 그리스도는 자신을 따르는 사람들을 세상으로 보내셔서 예수 그리스도가 이 땅에서 행하실 일들을 수행하게 하십니다.

전도학자 조지 헌터는 이렇게 말합니다.

"선교는 예수 그리스도가 이 땅에서 하신 것을 그가 다시 오실 때까지 계속적으로 수행하는 것이다."

앞의 청년의 질문으로 돌아가 보겠습니다. 그 청년들이 왜 자신들의 휴가를 농촌 교회 섬기는 데 사용했을까요? 예수님 때문입니다. 예수님께서 자신들을 그곳에 파송하셔서, 그 지역에 예수님이 계셨다면 마땅히 도우셨을 일들을 그들로 하게 하셨기 때문에 그 일들을 한 것입니다.

그 출발점이 예수가 아니었다면, 그 청년들은 그곳에 갈 이유도, 그런 활동을 할 이유도 없습니다. 그러므로 그 청년들의 활동은 선교가 됩니다. 이렇듯 선교의 범위는 전도를 넘어섭니다.

2. '모든 것이 선교라면 모든 것이 선교다'

과거에는 자기 문화권에서 복음을 전하는 것을 '전도'라고 하고, 타 문화권에서 복음을 전하는 것을 '선교'라고 규정했습니다. 하지만 오늘날에는 이 개념이 쉽게 적용되지 않는 영역이 많습니다. 예를 들어 의료인들이 자신의 마을에서 의술로 사역을 할 때 우리는 보통 '의료 전도'라고 하지 않고 '의료 선교'라고 부릅니다. 분명 자신의 문화권인데도 말입니다.

그렇다면 어떤 구분이 필요할까요? 앞에서 설명한 것처럼 하나님께서 보내셔서 행하는 모든 활동을 선교(mission)라고 부릅니다. 그리고 그 가운데 명백하게 예수가 그리스도임을 선포하는 행위를 전도(evangelism)라고 부릅니다. 따라서 우리는 전도가 금지된 지역에서 전도하지 않고 선교할 수 있습니다.

로잔 운동의 신학 위원장을 역임한 크리스토퍼 라이트는 자신의 책 「하나님 백성의 선교」에서 '모든 것이 선교라면 모든 것이 선교다'라고 주장합니다.

그의 말입니다. "분명 모든 것이 타 문화권 전도를 수행하는 선교는 아니다. 하지만 그리스도인과 기독교회의 모든 존재와 말과 행동은, 하나님의 세상에서 하나님의 선교에 의도적으로 참여한다는 점에서 선교적이어야 한다."

우리는 예수님으로부터 보내심을 받았습니다. 보내심을 받은 자로서 선교의 일을 잘 감당하는 우리 모두가 되기를 바랍니다.

✱ 학습문제

(1) 선교란 무엇입니까?

답 하나님께서 우리를 세상으로 보내셔서 행하게 하시는 모든 일을 선교라고 합니다.

(2) 선교와 전도는 어떻게 다릅니까?

답 선교 사역 가운데 복음을 직접 선포하는 활동이 전도입니다.

✱ 기도

하나님, 우리로 하여금 하나님의 선교가 무엇인지 알게 하시고, 그 사역에 보다 적극적으로 참여하게 하소서.

예수님의 이름으로 기도합니다. 아멘

✱ 중보기도

(1) 우리 구역(속)에 속한 모든 가정이 그리스도가 가장 되시는 가정이 되게 하소서.

(2) 다른 나라에 가서 선교 사역에 헌신하시는 해외 선교사들의 사역과 가정에 하나님의 은혜를 더하소서.

✱ 만남의 준비

누가복음 19:1~10을 읽고, 삭개오가 경험한 구원이 무엇인지 생각해 봅시다.

✎ memo

41. 모두가 선교사입니다

> 성경 : 누가복음 19:1~10 (외울요절 9절)
> 찬송 : 320, 323(350, 355)장
> 주제 : 좁은 의미에서 선교사는 다른 문화권에 가서 선교 사역을 감당하는 사람들이다. 하지만 넓은 의미에서 생각하면 예수를 따르기로 결심한 모든 사람들, 즉 모든 크리스천이 선교사이다.

많은 단어들에는 넓은 의미와 좁은 의미가 있습니다. 누군가 '하나님'이라고 말할 때 그 표현이 '성부' 하나님을 뜻하는 것인지, 성부, 성자, 성령 모두를 포함한 '삼위일체' 하나님을 뜻하는 것인지 구분해서 이해해야 합니다. '선교사'라는 단어 역시 마찬가지입니다.

우리는 보통 선교사라고 하면 다른 국가, 주로 타 문화권에 가서 선교 사역을 감당하는 분들을 지칭하는데 사용합니다. 그런데 이것은 좁은 의미의 사용입니다. 오늘은 보다 넓은 의미로 선교사가 누구를 지칭하는지 살펴보려고 합니다.

1. 아브라함의 자손

오늘 본문에 보면 삭개오가 등장합니다. 삭개오는 세리였고, 부자였습니다. 성취한 것도 소유한 것도 많은 사람이었습니다. 그가 예수님을 만납니다. 예수님께서 그 집에 머무르셨던 시간이 얼마나 되는

지는 분명하지 않지만 분명 여러 대화가 오갔을 것인데, 성경은 삭개오의 한마디와 예수님의 한마디만을 기록하고 있습니다.

삭개오는 본문 8절에서 자신의 소유의 절반을 가난한 사람들에게 나누겠다고, 특히 자신이 부당하게 착취한 소유를 그 사람들에게 네 배로 배상하겠다고 예수님께 말씀드립니다. 그리고 예수께서는 이렇게 선언하십니다. "오늘 구원이 이 집에 이르렀으니 이 사람도 아브라함의 자손임이로다"(9절) 삭개오는 이제 구원을 얻었습니다. 그런데 '아브라함의 자손'이라는 호칭은 무엇을 의미할까요?

우리는 아브라함을 믿음의 조상이라고 배웠습니다.

창세기 12:1~3입니다. "여호와께서 아브람에게 이르시되 너는 너의 고향과 친척과 아버지의 집을 떠나 내가 네게 보여 줄 땅으로 가라 내가 너로 큰 민족을 이루고 네게 복을 주어 네 이름을 창대하게 하리니 너는 복이 될지라 너를 축복하는 자에게는 내가 복을 내리고 너를 저주하는 자에게는 내가 저주하리니 땅의 모든 족속이 너로 말미암아 복을 얻을 것이라 하신지라"

하나님은 아브라함에게 선교적 명령을 주셨습니다. 하나님께서 보내시는 곳에서 복이 되는 존재가 되라는 것입니다.

삭개오는 이제 자신의 소유를 나누며 선교적 삶을 살아가게 되었습니다. 그래서 아브라함의 자손이라는 호칭을 얻은 것입니다.

2. 대한민국 선교사

'아브라함의 자손'인 오늘날의 모든 크리스천은 선교적 명령을 받았습니다. 신약성경의 맥락에서 예수께서는 자신을 따르는 사람들을 파송하셨습니다. 그래서 자신을 기독교인, 크리스천, 나아가 예수를 따라 살기를 원하는 예수의 제자라고 규정하는 사람들은 모두가 선교사인 것입니다.

크리스토퍼 라이트는 '우리는 누구인가?' 하면 바로 아브라함의 자손이고, '우리는 무엇을 위해 여기에 있는가?' 하면 이 땅의 열방의 모든 사람들을 하나님의 구속적 복의 영역으로 그리스도를 통해 데려오는, 하나님의 약속된 선교에 참여하기 위해서라고 말했습니다.

이것이 모든 크리스천의 정체성입니다. 우리는 자신의 가정, 일터, 학교 등 모든 곳에서 함께하는 사람들을 하나님의 구속적 복의 영역으로 데려오는 선교사들입니다.

타 문화권 선교사로 파송하는 과정을 생각해 봅시다. 떠나기 전에 언어와 문화, 선교 사역에 필요한 훈련을 오랫동안 받아야 합니다. 그 땅에 도착해서도 현지에 적응하고 사람들과 관계를 맺기 위해 많은 노력을 기울여야 합니다. 그러다가 이웃의 현지인을 집에 초청해서 함께 식사를 하면서 복음 이야기를 나누면 이 일은 파송 교회와 기관에 보고해야 하는 역사적인 사건이 됩니다.

그런데 우리 모두가 자신이 선교사임을 고백하면 이런 일을 바로 오늘 저녁에도 할 수 있습니다. 관점을 바꿔야 합니다. 다른 국가, 다른 문화권에 가지 않아도 우리는 오늘 자신의 삶의 자리에서 대한민국 선교사로 파송받은 사람들입니다.

✽ 학습문제

(1) 누가 선교사입니까?
답 '아브라함의 자손' 된 그리고 '예수 그리스도의 제자' 된 모든 크리스천이 선교사입니다.

(2) 오늘 말씀을 비추어 볼 때 우리의 신분은 무엇입니까?
답 가정, 일터, 학교 등으로 파송받은 대한민국 선교사입니다.

✽ 기도

하나님, 우리로 하여금 자신이 대한민국으로 파송받은 선교사임을 깨닫게 하시고 가정, 일터, 학교 등 자신의 삶의 자리에서 어떻게 선교사로 살아갈 것인지를 고민하고 기도하며 선교에 힘쓸 수 있게 하소서. 예수님의 이름으로 기도합니다. 아멘

✽ 중보기도

(1) 우리 교회의 모든 성도들이, 자신이 대한민국 선교사로 파송 받았음을 깨닫게 하소서.

(2) 한국 교회가 이 땅의 나그네로 살아가는 이주민들에게 복음을 전하므로 그들을 자신들 나라의 선교사로 역 파송시키는 사역에 보다 헌신하게 하소서.

✽ 만남의 준비

요나 4:9~11을 읽고, 요나의 문제가 무엇이었는지를 생각해 봅시다.

✎ memo

42. 선교는 하나님의 마음으로

> 성경 : 요나 4:9~11(외울요절 11절)
> 찬송 : 299, 311(418, 185)장
> 주제 : 선교는 하나님께서 시작하시고 하나님께서 이루시는 일이다. 따라서 우리가 선교적 삶을 살아가고, 선교 사역을 올바르게 감당하기 위해서는 하나님의 마음을 아는 것이 필수적이다.

'하나님 아버지의 마음'이라는 찬양의 가사는 이렇습니다.
"아버지 당신의 마음이 있는 곳에 나의 마음이 있기를 원해요. 아버지 당신의 눈물이 고인 곳에 나의 눈물이 고이길 원해요. 아버지 당신이 바라보는 영혼에게 나의 두 눈이 향하길 원해요. 아버지 당신이 울고 있는 어두운 땅에 나의 두 발이 향하길 원해요. 나의 마음이 아버지의 마음 알아 내 모든 뜻 아버지의 뜻이 될 수 있기를. 나의 온몸이 아버지의 마음 알아 내 모든 삶 당신의 삶 되기를."
오늘 본문의 요나는 이 찬양을 배워야 했습니다.

1. "내가 어찌 아끼지 아니하겠느냐"

요나는 하나님의 부르심을 받았으나 도망하던 중 물고기 뱃속에서 회심을 한 후 니느웨에 가서 복음을 전합니다. 그러자 기적적인 일이 일어납니다. 하나님께서 멸망시키려 하셨을 만큼 죄악이 극심했던 니느웨 사람들이 회심하여 회개한 것입니다.

하지만 요나는 그 상황을 기뻐하지 않았습니다. 오히려 하나님께 그 상황에 대해 불평했습니다. 그때 하나님께서는 박 넝쿨 하나를 자라나게 하셨다가 말라죽게 하시며 이렇게 말씀하셨습니다.

"네가 수고도 아니하였고 재배도 아니하였고 하룻밤에 났다가 하룻밤에 말라 버린 이 박 넝쿨을 아꼈거든, 하물며 이 큰 성읍 니느웨에는 좌우를 분변하지 못하는 자가 십이만여 명이요 가축도 많이 있나니 내가 어찌 아끼지 아니하겠느냐"(욘 4:10~11).

요나의 선교는 외형상 성공적이었으나 실패한 선교사가 되었습니다. 니느웨를 사랑하시는 하나님의 마음을 알지 못했기 때문입니다.

'하나님의 선교'(missio Dei)라는 개념이 있습니다. 이 패러다임이 등장하기 전에 선교의 주체는 교회였습니다. 교회가 하는 일이 곧 선교였고, 교회 없이 선교는 가능하지 않은 것으로 이해되었습니다. 그런데 교회가 '하나님의 선교'라는 새로운 패러다임을 고백하게 되었습니다. 선교는 하나님께서 시작하시고 하나님께서 이끄시며 하나님께서 완성하신다는 고백입니다.

우리가 선교적 삶을 살아가고, 선교 사역을 감당하는 것은 우리의 생각이나 방법으로 이루어지는 것이 아닙니다. 선교는 우리가 '하나님의 마음'을 알 때, '하나님의 방법'으로 이루어집니다. 그러므로 하나님의 마음을 알아야 선교 사역과 선교적 삶을 감당할 수 있습니다. 그 마음을 한마디로 표현하면 '사랑'입니다.

2. 선교는 사랑입니다

"교회에는 예수님을 사랑하는 자들로 가득 차 있다. 그러나 그들은 정작 예수님이 사랑하시는 대상은 사랑하지 않는다." 뉴질랜드의 복음주의자 브라이언 메드웨이(Brian Medway)의 말입니다.

예수님이 이 땅에 오신 이유는 하나님이 세상을 사랑하셨기 때문입니다(요 3:16). 따라서 교회가 자신만을 사랑하고 세상을 사랑하지 않는다면 그것은 자신의 존재 이유를 망각하는 것입니다.

그렇습니다. 주님께서는 이 세상 모든 민족을 사랑하십니다. 하나님을 잘 믿는 사람도 사랑하시고, 하나님을 모르는, 심지어 하나님을 미워하는 사람들도 사랑하십니다. 그렇게 사랑하시기에 모든 민족을 제자로 삼으라는 명령을 우리에게 주신 것입니다. 땅 끝까지 이르러 내 증인이 되라는 명령을 주신 것입니다.

오늘 우리들에게 주는 도전이 있습니다. 하나님의 마음과 소원을 가지고 선교적 지경을 넓혀야 한다는 것입니다. 선교는 하나님의 마음이요 하나님의 소원입니다.

선교는 하나님의 마음으로 이 세상을 바라볼 때 시작되는 것입니다. 세상 모든 사람들을 선교적 대상으로 보는 관점의 변화가 있을 때 비로소 하나님의 선교가 가능해집니다.

오늘 나는 이웃을 선교적 대상으로 보고 있습니까? 거리에서 마주치는 이주민들을 선교적 대상으로 보고 있습니까?

✻ 학습문제

(1) 요나는 어떤 의미에서 실패한 선교사입니까?

답 니느웨를 사랑하시는 하나님의 마음을 이해하지 못했기 때문입니다.

(2) 우리는 믿지 않는 사람들을 어떤 관점으로 바라보아야 합니까?

답 선교하시는 하나님께서 사랑하시는 선교적 대상으로 바라보아야 합니다.

※ 기도

　하나님, 우리로 하여금 온 세상 사람들을 선교적 관점으로 바라보게 하소서. 특별히 나와 다르고 내 마음에 들지 않는 사람들까지도 혐오의 대상이 아니라 하나님의 사랑이라는 선교적 관점으로 바라보게 하소서. 예수님의 이름으로 기도합니다. 아멘

※ 중보기도

　(1) 우리 교회, 나아가 한국 교회의 모든 성도들이 선교하시는 하나님의 마음을 품고 세상을 바라보게 하소서.

　(2) 한국 교회가 자라나는 어린이, 청소년 그리고 청년 세대를 향한 선교에 관심과 열정을 품게 하소서.

※ 만남의 준비

　마태복음 5:13~16을 읽고, 선교적으로 살아간다는 것이 무엇인지 생각해 봅시다.

✎ memo

43. 선교 사역과 선교적 삶

> 성경 : 마태복음 5:13~16(외울요절 16절)
> 찬송 : 421, 425(210, 217)장
> 주제 : 하나님의 선교에 참여하는 것에 있어 단기선교나 선교사 후원과 같이 단지 특정한 시간과 장소에서 특정한 사역을 수행하는 것에 머물러서는 안 된다. 일상에서 선교적 삶을 살아가는 법을 배우고 그렇게 살아가는 것이 중요하다.

"지금 선교적으로 살고 있습니까?"라는 질문에 "네, 저는 매년 어렵게 시간을 내서 적어도 두 차례 단기선교를 다녀오고 있습니다."라고 대답할 수 있을 것입니다. 또 "지금 여러분의 교회는 선교적인 교회입니까?"라는 질문에 "네, 우리 교회는 최선을 다해 여러 선교사님들을 파송하고 후원하고 있습니다."라고 대답할 수 있을 것입니다. 그런데 엄밀히 보면 위 두 질문과 대답은 어울리지 않습니다.

1. 선교 사역과 선교적 삶의 격차

미국에 힘들게 이민을 가서 정말 어렵게 자리를 잡고 어느 정도 안정이 된 사업주들이 모여 선교하는 단체를 만들었습니다. 열심히 선교 헌금을 하고 시간을 들여 매년 남미에 선교 여행을 다녀옵니다. 정기적으로 모임을 가지면서 예배도 드리고 훈련도 받는데, 어느 날 강사로 초청한 목사님으로부터 이런 말씀을 듣습니다.

"여러분들이 돈과 시간을 들여 남미 선교지를 방문하고 그곳에서 그들을 주 안에 형제, 자매라 부르며 여러 사역으로 섬기고 오는 것은 물론 아름다운 일입니다. 그런데 그 전에 여러분들이 고용하고 있는 남미 사람들을 형제, 자매로 여기며 그들에게 정당한 급여를 주고, 인격적으로 대우하는 것이 하나님이 기뻐하시는 일 아니겠습니까?"

그 말씀을 듣자 분위기가 무거워지더랍니다.

우리는 여기서 선교적 삶을 사는 것과 선교 사역을 감당하는 것이 다를 수 있음을 깨닫게 됩니다. 선교적인 삶을 살지 않으면서도 선교 사역을 감당하는 것이 가능하다는 것입니다. 그런데 이런 모습은 하나님의 선교라는 관점에서 보면 '반쪽 선교'라고 할 수 있습니다.

여기 다른 이야기가 있습니다.

2. T.G.I.M의 삶

2016년 호주에서 세계의료선교대회가 열렸습니다. 모든 프로그램 가운데 말레이시아에서 목회하는 린(Philip Lyn) 목사님의 '9 to 5'라는 강의가 있었습니다.

린 목사님은 그리스도인으로 살아가면서 가장 중요한 선교 현장은 오전 9시부터 오후 5시까지의 시간에 있다고 설명했습니다.

한마디로 일상에서 강력한 복음의 역사가 일어나야 하고, 하나님이 누구신지 가장 분명하게 전할 수 있어야 한다는 것이었습니다. 그러면서 린 목사님은 우리 신앙인들이 진정으로 기뻐하고 외쳐야 할 외침은 'T.G.I.F'가 아니라 'T.G.I.M'이라고 했습니다.

'T.G.I.F'란 'Thank God It's Friday' 즉 '주말이 되어서 이제 출

근하지 않아도 되어 감사합니다.'라는 의미로 사용되지만 그는 이를 'T.G.I.M' 즉 'Thank God It's Monday'로 바꾸라고 외쳤습니다. '하나님, 월요일이 되어 행복합니다. 우리를 선교의 현장으로 부르시니 감사합니다.'라는 의미입니다.

실제로 이 목사님은 의사로서 자신의 병원을 선교지로 여기며, 그곳에서 무슬림 환자들을 진료하며 복음을 전하고 있었습니다.

오늘 산상수훈을 통해 예수님은 우리에게 세상에서 소금과 빛으로 살라고 말씀하십니다. 교회 안에서 소금과 빛이 아니라, 세상에서 소금과 빛이 되어야 한다고 말씀하십니다. 하나님의 백성으로 살아간다는 것은 교회 안에만 머무는 삶이 아니라, 자신의 삶의 자리에서 하나님나라가 임하는 하나님의 비전을 이루는 것입니다.

크리스토퍼 라이트는 "성경적 윤리 없는 성경적 선교는 없다."라고 주장합니다. 어떤 특별한 능력이 없어도 자신의 삶의 자리에서 '착한 행실'을 통해 주변 사람들이 하나님께 영광을 돌리게 하는 것, 그것이 바로 가장 기본적인 선교적 삶의 모습입니다.

과연 우리의 믿지 않는 가족들과 직장 동료들은 우리의 삶을 통해 하나님의 영광을 바라보고 있습니까?

✱ 학습문제

(1) T.G.I.M (Thank God It's Monday)의 의미는 무엇입니까?

답 월요일이 되어 이제 일상으로 나아가 선교적 삶을 살 수 있어 하나님께 감사드린다는 의미입니다.

(2) 오늘 본문, 산상수훈이 규정하는 선교적 삶은 어떤 것입니까?

답 자신의 삶의 자리에서의 '착한 행실'을 통해 주변 사람들이 하나님께 영광을 돌리게 하는 것입니다.

❋ 기도

하나님, 우리로 하여금 선교 사역을 열심히 하는 것에 머물지 않고, 우리의 일상에서 선교적 삶을 살아가게 하소서. 우리의 착한 행실을 통해 하나님이 영광을 받으실 수 있게 하소서.

예수님의 이름으로 기도합니다. 아멘

❋ 중보기도

(1) 우리 교회, 나아가 한국 교회의 모든 성도들이 자신의 일상에서 선교적 삶을 살아가게 하소서.

(2) 한국 교회의 윤리적 수준이 하나님의 선교를 감당할 수 있을 만큼 성장하게 하소서.

❋ 만남의 준비

로마서 7:12~25을 읽고 하나님께 감사하는 삶에 대해 생각해 봅시다.

✎ memo

44. 하나님께 감사합시다

> 성경 : 로마서 7:12~25(외울요절 25절)
> 찬송 : 197, 250(178, 182)장
> 주제 : 죄로 인해 죽을 수밖에 없었던 곤고한 우리들은 하나님의 절대적인 사랑으로 구원받았음을 하나님께 감사해야 한다.

세계적으로 유명한 조각상 중에 로댕의 '생각하는 사람'이 있습니다. 사실 이 조각상은 로댕이 세계적인 문호 단테의 신곡이라는 작품 '지옥의 문' 편에서 영감을 얻어 만든 작품입니다.

지옥의 문 위에서 지옥을 헤매는 수많은 인생들의 처절한 최후를 내려다보며 깊은 생각에 잠긴 사람의 모습을 표현하고 있는 것입니다. 조각상의 인물은 지옥도를 바라보며 아마도 "오호라 나는 곤고한 사람이로다 이 사망의 몸에서 누가 나를 건져내랴"(롬 7:24)라는 말씀을 생각하지 않았을까 싶습니다.

1. 인간의 곤고함을 인정할 때 구원의 역사가 일어납니다

인간은 하나님 앞에서 죄인이며, 곤고한 자라는 사실을 인정할 때부터 구원의 역사가 일어나기 시작합니다.

바울은 이 깨달음을 얻고 본문 25절에서 이렇게 감격적으로 외치고 있습니다. "우리 주 예수 그리스도로 말미암아 하나님께 감사하리로다 그런즉 내 자신이 마음으로는 하나님의 법을 육신으로는 죄의 법을 섬기노라"

구원받은 성도에게 주어지는 이 새로운 자유와 삶의 방식을 어거스틴은 이렇게 설명합니다.

"성도의 참 자유는 오직 그리스도의 노예가 되는 일이다."

즉 우리가 죄를 이기는 길은 율법대로 살려고, 죄를 짓지 않으려고 몸부림을 치는 것이 아니라, 죄를 완전히 이기신 예수님의 노예로, 예수님의 능력을 의지하며 사는 것입니다.

그러면 "이는 그리스도 예수 안에 있는 생명의 성령의 법이 죄와 사망의 법에서 너를 해방하였음이라"(롬 8:2)라는 말씀과 같이 성령으로 말미암는 자유의 역사가 일어나게 되는 것입니다.

바울은 이 놀라운 복음의 역설적인 능력, 죄를 이기게 하시는 하나님의 절묘한 지혜를 자신이 곤고한 자라는 깨달음을 통해 발견했던 것입니다. "오호라 나는 곤고한 사람이로다" 자신의 실존에 대한 정직하고도 겸손한 깨달음이야말로 우리로 하여금 하나님의 놀라운 사랑을 깨닫고 감사할 수 있게 합니다.

2. 하나님을 생각할 때 감사할 수 있습니다

'감사합니다.'는 영어로 'Thank You'입니다. 그런데 감사, 'Thank'라는 단어가 'Think'(생각하다)라는 단어와 그 어근이 같다는 것에 주목해야 합니다. 즉 제대로 감사할 수 있기 위해서는 바른 생각이 먼저 있어야 한다는 것입니다.

먼저 'Think You' 상대방을 생각할 수 있어야, 'Thank You' 상대방에 대해 감사할 수 있게 되는 것입니다.

오늘 본문 로마서 7장에서 바울이 가졌던 생각은 무엇이었습니까?

'나는 예수 믿기 전이나 믿고 난 이후나 죄성을 가진 구제불능의 곤고한 사람이구나.'라는 자신의 존재에 대한 바른 생각이 있었습니다. 그 생각으로 인해 바울은 하나님의 깊은 사랑을 깨달아 구원을 주시는 하나님께 감사할 수 있게 된 것입니다.

바른 생각, 바른 깨달음으로부터 하나님을 향한 가슴 벅찬 바른 감사가 생겨날 수 있게 되는 것입니다.

사랑하는 여러분, 모든 부모들이 자녀들에게 진심으로 듣고 싶은 고백이 무엇이라고 생각하십니까?

'사랑합니다. 감사합니다.' 이 말이 아닐까요? 하나님 아버지도 마찬가지 심정이라고 생각합니다. 왜냐하면 하나님은 우리 모두의 부모님이 되시기 때문입니다.

이 하나님 아버지를 향한 감사야말로 모든 만 가지 감사의 뿌리가 된다는 사실을 기억하십시다. 다 함께 감정을 실어서 하나님 아버지께 이렇게 고백해 보십시다. "하나님 아버지 사랑합니다. 아버지 감사합니다. 정말 고맙고 감사합니다."

❋ 학습문제

(1) 바울이 자신을 곤고한 자라고 고백한 이유는 무엇입니까?

답 인간은 스스로 구원할 능력이 없으며, 예수를 믿고 난 이후에도 오직 하나님의 사랑에 잇대어 있지 않으면 살 수 없는 존재라는 탄식 때문이었습니다.

(2) 바울이 하나님께 감사할 수 있었던 이유는 무엇입니까?

답 스스로 구원할 능력이 없는 우리를 절대적인 하나님의 사랑으로 구원해 주셨기 때문입니다.

✽ 기도

하나님 아버지, 우리는 스스로를 구원할 수 없는 곤고한 자들입니다. 그런 우리를 하나님의 절대적인 사랑으로 구원하여 주셨으니, 그 사랑을 깊이 깨달아 날마다 하나님께 감사하는 삶이 되게 하여 주옵소서. 예수님의 이름으로 기도드립니다. 아멘

✽ 중보기도

(1) 하나님을 깊이 생각하고 하나님을 향한 감사가 넘치는 성도들이 되게 하소서.

(2) 영적으로 곤고한 이 시대에 하나님의 깊은 사랑이 전해져 온 세상이 감사로 물들게 하소서.

✽ 만남의 준비

누가복음 12:13~21을 읽고, 잘 사는 것에 대해서 생각해 봅시다.

✎ memo

45. 영혼의 감사

성경 : 누가복음 12:13~21 (외울요절 15절)
찬송 : 309, 314(409, 511) 장
주제 : 우리 영혼은 물질이 아닌 하나님으로 인해 행복하고 감사할 수 있게 된다.

1. 잘 산다는 것이 무엇일까요?

나이 오십에 개인 재산 25조 5000억 정도를 갖고 있다고 알려진 중국의 최고 부호 마윈은 언론과의 인터뷰에서 이런 솔직한 심경을 고백했습니다.

"전 그다지 행복하지 않습니다. 중국 최고의 부자라는 건 오히려 불행한 일일 수도 있어요. 그만큼 고통이나 압박도 많기 때문입니다."

행복은 소유의 많고 적음이 아닌 마음에 달려 있습니다. 행복은 존재의 근원이 되는 영혼과 관계되어 있다는 것입니다.

2. 잘 산다는 것은 영혼에 관계된 일입니다

본문 13절에서 한 사람이 주님께 "선생님 내 형을 명하여 유산을 나와 나누게 하소서"라고 부탁을 합니다.

부모 유산을 혼자서 다 가로챈 탐욕스런 형을 꾸짖어 달라는 요청인 것 같은데 예수님의 반응은 차갑습니다.

본문 15절에서 예수님은 그들에게 "삼가 모든 탐심을 물리치라 사람의 생명이 그 소유의 넉넉한 데 있지 아니하니라"라고 교훈하십니다.

탐심으로 인하여 형제의 사랑도 깨어졌지만, 동생도 더 이상 하나님의 말씀이 들리지 않는 영적인 파산 상태에 빠지고 만 것을 책망하고 있는 말씀입니다.

본문 20절에서 주님은 "어리석은 자여 오늘 밤에 네 영혼을 도로 찾으리니 그러면 네 준비한 것이 누구의 것이 되겠느냐"라는 부자 농부의 비유를 통하여 더 분명한 교훈을 주고 있습니다.

평생 물질을 위해서만 살며 영혼의 상태에 무관심했던 부자는 하나님이 보시기에는 어리석어 보였습니다.

본문 15절의 '생명'은 헬라어 '조에'라는 단어를 사용하고 있습니다. '영원한 생명', '질적으로 풍요롭고 행복한 삶'이라는 뜻을 가진 단어입니다.

즉 소유를 더 가진다고 풍요롭고 행복한 삶을 산다고 하는 것은 아니라는 말입니다. 영혼이 풍성할 때 비로소 감사가 넘쳐나며 행복한 삶을 살 수 있다는 것입니다.

3. 하나님 앞에 서게 될 때를 예비해야 합니다

병원에서 위암 말기 판정을 받은 어느 집사님의 실제 이야기라고 합니다.

집사님은 어머니에게 묻습니다. "엄마, 나 돈 얼마나 남았어?" "응, 240만원 남았다." "엄마! 나 퇴원시켜 줘. 그 돈에 좀 더 보태서 선교지에 교회 짓도록 보내 줘. 아무래도 이제 하나님 만날 준비를 해야 할 것 같아. 이대로 하나님 만나면 너무 부끄러울 것 같아서 선교지에 교회 하나 세우고 죽을래."

이렇게 해서 파나이 섬이라는 곳에 만리브교회가 세워집니다. 나중에 현지 교인들이 그 집사님의 이야기를 듣고는 교회의 이름을 집사님의 이름을 따서 수연교회로 바꾸었다고 합니다.

몇 개월 못산다는 의사들의 예상과 달리 그 집사님은 3년을 더 사시면서 교회 하나를 더 세우게 됩니다.

마지막 숨질 때 김수연 집사님은 자신이 후원하여 세운 두 교회의 사진을 품에 꼭 안고 평안 중에 하나님께 감사하면서 천국으로 가셨다고 합니다.

우리는 언젠가 마지막 때에 하나님 앞에 서게 될 것입니다. 그 마지막 때를 대비하기 위하여 지금을 잘 살아야 하겠습니다.

우리 영혼의 깊은 곳으로부터 솟아나는 감사의 제목들로 풍성히 채우며 지금을 잘 살 수 있기를 소망합니다.

✱ 학습문제

(1) 유산 문제를 예수님께 의뢰했던 사람은 그 중심에 어떤 동기가 있었습니까?

답 탐심이 자리잡고 있었습니다.

(2) 하나님이 부자 농부를 어리석다 하신 이유는 무엇입니까?

답 물질에 대해서는 부요했으나, 하나님께 대하여는 부요하지 않았기 때문입니다.

✼ 기도

구원의 하나님, 감사를 잃어가는 시대 속에서 우리가 감사의 씨앗을 부지런히 뿌려 감사의 제목들이 더 풍성해 질 수 있게 하시고, 매 순간 감사함으로 더욱 풍성한 삶을 누리게 하여 주옵소서.

예수님의 이름으로 기도합니다. 아멘

✼ 중보기도

(1) 풍요 속의 빈곤을 살아가는 현대인들이 하나님을 알고 영혼의 풍요를 누리게 하소서.

(2) 한국 교회와 세계 선교 현장이 물질을 초월하여 하나님의 풍요를 누리게 하소서.

✼ 만남의 준비

누가복음 17:11~19을 읽고, 어떻게 감사를 회복할 수 있을지에 대해서 생각해 봅시다.

✎ memo

46. 감사의 회복

> 성경 : 누가복음 17:11~19 (외울요절 16절)
> 찬송 : 304, 421(404, 210)장
> 주제 : 감사는 매사에 하는 것이며, 감사하는 자들에게는 하늘의 큰 축복이 부어지게 된다.

오늘 본문에는 감사를 잃어버린 아홉 명의 사람들이 등장합니다. 이들은 예수님을 만나 기적적인 치유를 경험했지만 자신들을 치유해 주신 예수님께 돌아와 감사하지 못했습니다.

이들에게는 나병보다 더 심각한 감사의 무감각증이 있었습니다. 이제 말씀을 살펴보면서 어떻게 해야 감사를 회복할 수 있는지 알아보고자 합니다.

1. 감사의 기회를 놓치지 말아야 합니다

감사의 기회를 놓치지 말아야 합니다. 나병에서 나은 열 명의 사람들 중에서 사마리아 출신 한 사람만이 즉시로 예수님께 나아와 감사했습니다. 물론 나머지 아홉 명의 사람들도 예수님에게 감사한 마음이 있었을 것입니다. 그런데도 나머지 아홉 명은 왜 예수님께 감사를 표하지 않았을까요?

이는 마치 퇴근길의 아빠가 자녀들에게 선물을 가져다주면, 선물에 온통 관심이 빼앗겨 아빠에게 감사를 표하지 않는 자녀들의 모습이라고 할 수 있습니다.

선물받은 그 즉시 먼저 아빠에게 감사하는 것이 순서입니다. 본문에 등장하는 그 아홉 명은 감사의 기회, 감사의 타이밍을 놓쳤던 것입니다. 감사는 기회가 주어졌을 때 즉시 하는 것이 중요합니다.

2. 감사는 우리를 더 귀한 은혜와 축복으로 인도합니다

감사는 우리를 더 귀한 은혜와 축복으로 인도합니다. 예수님께 돌아와 감사를 표했던 사마리아 사람은 그저 병 고침받는 축복으로만 끝나지 않았습니다.

예수님은 본문 19절에서 그에게 "일어나 가라 네 믿음이 너를 구원하였느니라"라고 말씀하십니다. 그는 영혼 구원의 더 큰 축복을 얻게 됩니다.

스펄전 목사님은 감사에 대해서 이렇게 말합니다.

"우리에게 별빛을 주시는 하나님의 은혜를 감사하면 하나님께서는 우리에게 달빛을 주실 것이요, 우리에게 달빛을 주시는 은혜를 감사하면 우리에게 햇빛을 주실 것이며, 우리에게 햇빛을 주시는 은혜를 감사하면 하나님께서는 우리를 햇빛도 필요 없는 좋은 곳으로 인도하실 것이니 거기는 하나님의 영원하신 빛이 밤낮으로 비칠 것이다."

감사하는 마음은 우리를 더 귀한 축복으로 인도해 줍니다.

3. 감사는 신앙의 완성입니다

감사는 신앙의 완성입니다. 오늘 본문은 다양한 신앙의 모습을 보여 주고 있습니다. 예수님의 소문을 듣고 나병환자들이 치유받기 위해 예수님께 나아와 부르짖는 모습을 보게 됩니다. 부르짖는 믿음입니다.

이후 열 명의 나병환자들이 예수님의 말씀에 순종하여 제사장들에게 나아가는 모습을 보게 됩니다. 순종하는 믿음입니다.

부르짖는 믿음, 순종하는 믿음 모두 귀한 믿음입니다. 그러나 믿음의 완성은 감사하는 믿음입니다. 감사가 없이 무조건 부르짖는 믿음, 감사가 없이 무조건 순종하는 믿음은 자기중심적인 공허한 신앙의 모습으로 끝날 수 있습니다.

17세기 프랑스의 유명한 철학자 파스칼은 "하나님 없이 사는 사람은 불행한 사람이요, 하나님을 찾고 있는 사람은 괴로운 사람이며, 하나님을 만난 사람은 행복한 사람이요, 하나님께 감사하며 사는 사람은 최고의 축복을 받은 사람이다."라고 말했습니다.

감사는 신앙을 무르익게 하여 가장 복된 인생을 살게 합니다.

사랑하는 여러분, 우리는 근본적으로 감사해야 할 충분한 이유가 있습니다. 예수님의 십자가 희생으로 말미암아 영원한 죽음에서 구원을 받았기 때문입니다. 이 사실을 한시도 잊어서는 안 됩니다.

날마다 놀라운 구원의 은혜를 되새김질하면서 감사의 기초 위에 우리의 인생을 세워갈 수 있기를 바랍니다.

✹ 학습문제

(1) 치유받은 열 명의 나병환자 중 아홉 명은 왜 예수님을 찾아오지 않았나요?

답 그 즉시 감사를 표하지 않으므로 시간이 흘러갔고, 치유해 주신 예수님보다 치유 그 자체에 마음을 더 빼앗겼기 때문입니다.

(2) 예수님께 감사를 표한 한 명의 나병환자는 무엇을 얻게 되었습니까?

답 영생을 얻게 되었습니다.

✽ 기도

우리를 구원하여 주신 하나님, 감사를 잃어가는 시대 속에서 우리가 구원받은 자임을 깨닫게 하시고, 근본적으로 감사해야 할 이유가 있는 사람임을 알게 하옵소서. 감사로 우리의 신앙이 무르익어 더욱 풍성한 삶을 누리게 하옵소서.

예수님의 이름으로 기도합니다. 아멘

✽ 중보기도

(1) 감사를 잃은 이 시대에 감사를 전염시키는 감사의 사람이 되게 하소서.

(2) 먼저 구원받았음에 감사하며, 복음 전하는 인생에 되게 하소서.

✽ 만남의 준비

골로새서 3:15~17을 읽고, 절대 감사할 수 있는 비결에 대해서 생각해 봅시다.

✎ memo

47. 절대 감사

> 성경 : 골로새서 3:15~17 (외울요절 17절)
> 찬송 : 428, 429(488, 489)장
> 주제 : 인생은 수평적인 비교를 멈추고, 수직적인 비교를 시작할 때 절대 감사할 수 있게 된다.

인도의 시인 타고르는 "감사의 분량이 곧 행복의 분량이다."라고 말했습니다. 철학자 아리스토텔레스도 "행복은 감사하는 사람의 것이다."라고 말했습니다.

행복하고 싶다면, 감사하면 됩니다. 절대적으로 행복하고 싶다면, 절대적으로 감사하면 됩니다.

데살로니가전서 5:18에는 이런 말씀이 있습니다. "범사에 감사하라 이것이 그리스도 예수 안에서 너희를 향하신 하나님의 뜻이니라" 범사 즉 모든 일에 감사하라는 말은 무조건적으로 절대적으로 감사하라는 말씀입니다.

1. 비교를 멈출 때 절대 감사할 수 있습니다

절대 감사하는 삶을 살기 위해서는 비교를 멈추어야만 합니다. 우리가 절대 감사하지 못하고, 절대 행복을 누리지 못하는 이유는 비교의식 때문입니다. 인간은 현재 주어진 것에 만족하지 못하고 지나치게 더 많은 것을 추구하며 살아가고자 하는 죄의 본성이 있습니다.

칼 융이라고 하는 세계적인 심리학자는 이런 권면을 합니다. "건강한 사람, 행복한 사람이 되려면 모든 존재에 대하여 개별화된 의식을 가져야 한다."

행복한 사람이 되기 위해서는 다른 사람과 비교하지 않는 자기만의 독립적인, 절대적인 의식을 가져야 한다는 것입니다. 다른 것과 비교하지 않고 주체적이고 독립적인 생각을 하는 사람들이 보다 더 감사하고 행복한 삶을 누릴 수 있습니다.

2. 위의 것을 생각할 때 절대 감사할 수 있습니다

절대 감사는 위의 것을 생각할 때 가능해집니다.

바울은 골로새서 3:2에서 "위의 것을 생각하고 땅의 것을 생각하지 말라"라고 권면하고 있습니다.

우리가 위의 것, 즉 천국에 속한 모든 것을 생각하고 천국과 비교할 수만 있다면 절대 감사가 가능해집니다.

바울은 "생각하건대 현재의 고난은 장차 우리에게 나타날 영광과 비교할 수 없도다"(롬 8:18)라고 고백하고 있습니다. 그는 이 땅의 수평적인 비교가 아닌 하늘과의 수직적인 비교를 통해 이 땅에서 넉넉히 이길 수 있다고 고백합니다.

절대 감사의 비결을 터득한 바울은 빌립보서 4:11~12에서 "내가 궁핍함으로 말하는 것이 아니니라 어떠한 형편에든지 나는 자족하기를 배웠노니 나는 비천에 처할 줄도 알고 풍부에 처할 줄도 알아 모든 일 곧 배부름과 배고픔과 풍부와 궁핍에도 처할 줄 아는 일체의 비결을 배웠노라"라고 고백하고 있습니다.

상대적인 빈곤감에 시달릴 때 하늘의 것과 비교해 보시기 바랍니다. 수평적인 비교를 버리고 수직적인 비교를 시도해 보시기 바랍니다.

3. 매 순간 감사할 때 절대 감사할 수 있습니다

　오늘 본문에는 "감사하라"는 말씀이 세 번 반복해서 나옵니다. "너희는 또한 감사하는 자가 되라"(15절), "감사하는 마음으로 하나님을 찬양하고"(16절), "그를 힘입어 하나님 아버지께 감사하라"(17절).
　사도 바울이 이와 같이 감사에 대해 반복하며 강조했던 이유는, 성도는 감사하는 사람이라는 것을 강조하기 위함이었습니다.
　크리스천 심리학자 필립 오킨스 박사는 감사에 대해서 이런 말을 합니다. "감사의 힘은 전혀 새롭지 않은 일상을 새롭게 해석해 즐겁게 누릴 수 있게 하는 능력이다."
　하나님은 수고하고 무거운 짐을 지며 살아가는 우리에게 감사요법, '땡큐 테라피'(thank you therapy)로 회복되기를 원하시고 계십니다.

　애완동물로 개가 고양이보다 기르기가 쉽다고 합니다. 개는 하나만 잘해 줘도 주인을 잘 따르지만, 고양이는 열 가지를 잘해 주다가 하나만 못해 줘도 성질을 부리고 주인을 배신하기도 한답니다.
　우리는 둘 중 어떤 유형의 신앙생활을 하는 것 같습니까? 인생의 주인 되신 하나님의 은혜를 알고, 작은 것에도 감사할 줄 아는 우리 모두가 되기를 소망합니다.

✱ 학습문제

　(1) 바울은 왜 위의 것을 생각하라고 권면했습니까?
　답 위를 바라보면 진정한 감사가 회복되기 때문입니다.
　(2) 바울이 '감사하라'는 말을 반복한 이유는 무엇입니까?
　답 성도는 감사하는 사람이라는 것을 강조하려 한 것입니다.

✽ 기도

하나님 아버지, 이 땅에서의 수평적인 비교에 사로잡힌 우리들의 눈을 들어 하늘의 것을 바라보게 하여 주옵소서. 오직 수직적인 비교만을 통해 매 순간 감사하며 살아가는 우리들이 되게 하여 주옵소서. 예수님의 이름으로 기도드립니다. 아멘

✽ 중보기도

(1) 교회 안에 들어와 있는 비교와 경쟁의식들을 걷어내게 하소서.
(2) 불평불만이 가득한 이 사회에 감사가 넘치게 하여 주옵소서.

✽ 만남의 준비

데살로니가후서 2:13~17을 읽고, 마땅히 감사하며 살고 있는지에 대해서 생각해 봅시다.

✎ memo

48. 마땅한 감사

> 성경 : 데살로니가후서 2:13~17(외울요절 13절)
> 찬송 : 276, 284(334, 206)장
> 주제 : 우리는 하나님의 택하심의 은혜로 구원받았음에 마땅히 감사해야 한다.

성도의 감사에는 일반적인 감사와는 다른 차원이 하나 있습니다. 그것은 바로 하나님에 대한 감사입니다.

사도 바울은 본문 13절에서 "마땅히 하나님께 감사하라"라는 권면을 합니다. 우리가 어떤 상황에서도 하나님을 붙들 수 있고 하나님을 기억해 낼 수만 있다면 감사의 여지는 있는 것입니다.

오늘 본문은 '우리가 마땅히 하나님께 감사해야 할 것이 무엇인가'를 깨닫게 해 줍니다.

1. 하나님께서 택하여 주심에 감사

본문 13절에 언급하고 있듯이 하나님께서 우리를 택하여 주셨기 때문에 하나님께 감사해야 합니다.

사도 바울은 데살로니가전서 1:4에서 "하나님의 사랑하심을 받은 형제들아 너희를 택하심을 아노라"라고 증거하고 있습니다. 바울은 데살로니가교회 성도들이 하나님의 택함을 받은 백성이라는 사실을 깨닫고 감사하기를 원했습니다. 이 '택하신 은혜'는 하나님의 특별한 은혜입니다.

예수를 믿지 않는 어떤 사람이 이런 말을 합니다. "왜 나는 믿어지지 않는지 그것이 이해가 안 된다." 믿어지는 믿음이 안 생기기 때문입니다. 하나님의 선택하심을 받아 믿어지는 것, 이것은 큰 은혜입니다. 그래서 마땅히 하나님께 감사해야 하는 것입니다.

2. 성령의 거룩하게 하심에 감사

성령의 거룩하게 하심을 받았기 때문에 하나님께 감사해야 합니다. 성령께서는 우리를 거룩하게 만드시는 분입니다. 자신의 나쁜 습관들을 스스로 고치기가 참으로 어렵습니다. 그러나 성령의 능력을 체험하면 가능해집니다.

예수 믿기 전에 하루에도 몇 갑씩 줄담배를 피웠던 집사님이 계셨습니다. 담배에 인이 박혀서 도저히 끊을 수가 없는 상태였습니다. 그런데 이분이 이 문제로 기도원에 가서 금식하면서 기도하기 시작했습니다. 그렇게 며칠간 기도하고 내려와서 무심코 습관처럼 담배를 입에 물었는데 담배 냄새만으로도 구역질이 나더라는 것입니다.

그 이후로도 여러 날 동일한 경험을 한 그는 담배의 중독으로부터 자유하게 되었다고 합니다. 성령의 거룩하게 하시는 역사인 것입니다.

3. 믿음으로 구원받았음에 감사

믿음으로 구원받게 해 주셨기 때문에 하나님께 감사해야 합니다. 우리가 예수 구원의 복음을 듣게 되는 것만도 하나님의 은혜입니다.

믿음은 하나님의 선물입니다. 믿음이 생기면 변화가 일어납니다. 성품도, 생각도, 가치관도, 관심 분야도, 삶의 목적도, 말과 행동도 하나님의 사람답게 점점 변화되어가는 것입니다. 그리하여 그 삶을 통하여 하나님께 영광을 돌리게 되는 것입니다.

필립 얀시는 자신의 책 「하나님, 제게 왜 이러세요?」에서 감사와 관련하여 이런 기도를 하고 있습니다.

"내가 인생의 지극히 작은 것들까지도 모두 '선물'이라는 것을 기억하도록, 그리고 그 선물을 제대로 사용하는 방법이 '감사'라는 것을 기억하도록 나를 도와주십시오."

사랑하는 여러분, 우리를 둘러싼 현실이 비록 힘들고 암울하다 할지라도 우리를 구원하여 주신 하나님을 바라볼 때에 감사할 수가 있는 것입니다.

우리가 속한 삶의 현장이 감사가 넘쳐나는 자리가 될 수 있다면 거기에 놀라운 치유와 변화의 역사가 생겨나게 될 것입니다.

여러분의 심령에 늘 감사가 있기를 바랍니다.

❋ 학습문제

(1) 바울은 왜 하나님께 마땅히 감사해야 한다고 하나요?
답 하나님께서 우리를 택하시고, 거룩하게 하시고, 믿음을 주셨기 때문입니다.

(2) 우리는 삶의 현장에서 어떻게 감사할 수 있습니까?
답 우리에게 구원을 주신 하나님을 바라볼 때 마땅히 감사할 수 있습니다.

✣ 기도

하나님 아버지, 아무 공로 없는 우리들을 창세전부터 택하여 주시고, 성령으로 거룩하게 하시고, 믿음을 선물로 주셔서 구원 얻게 하여 주시니 감사합니다. 이 마땅한 감사가 우리의 삶에 깊이 새겨지게 하시고, 샘솟는 감사로 매일의 삶을 살아가게 하옵소서.

예수님의 이름으로 기도드립니다. 아멘

✣ 중보기도

(1) 믿지 않는 자들이 하나님을 알고 구원을 받아 입술에 감사가 넘치게 하소서.

(2) 모든 성도들이 마땅히 하나님께 감사하게 하소서.

✣ 만남의 준비

요한복음 1:4~14을 읽고, 예수님의 빛 되심에 대해 묵상해 보시기 바랍니다.

✎ memo

49. 은혜의 빛으로 오신 예수님

성경 : 요한복음 1:4~14 (외울요절 14절)
찬송 : 96, 108 (94, 113) 장
주제 : 은혜의 빛을 받은 우리들은 온 세상을 밝히는 영광의 빛된 삶을 살아야 한다.

1. 참 빛으로 오신 예수님

예수님이 어두운 세상에 참 빛으로 오심을 기념하는 날이 성탄절입니다.

본문 9절에 예수님을 이렇게 소개하고 있습니다. "참 빛 곧 세상에 와서 각 사람에게 비추는 빛이 있었나니" 참된 빛은 모든 만물에 생명을 공급하는 근원적인 생명의 빛을 말합니다.

본문 4절에는 예수님 안에 이 생명의 빛이 있다고 했습니다. "그 안에 생명이 있었으니 이 생명은 사람들의 빛이라"(요 1:4).

참 빛은 예수님의 생명의 빛이며, 오직 하나님께로부터 온 빛만이 생명의 빛입니다. 그러나 아기 예수가 온 세상을 구원할 하나님의 생명의 빛인 것을 알았던 사람들은 극소수였습니다.

왜 소수의 사람들을 제외하고 대부분의 사람들은 예수님 안에 있는 그 생명의 빛, 영광의 빛을 알아차리지 못했을까요?

첫째는 이 세상이 어둠의 주관자인 사탄의 영향력 아래 놓여 있기 때문입니다. 고린도후서 4:4은 악한 영의 세력이 예수님 안에 있는 영광의 빛을 사람들이 깨닫지 못하도록 방해한다고 했습니다.

"그 중에 이 세상의 신이 믿지 아니하는 자들의 마음을 혼미하게 하여 그리스도의 영광의 복음의 광채가 비치지 못하게 함이니 그리스도는 하나님의 형상이니라"

둘째는 예수님이 자신의 영광의 빛을 죄인 된 인간의 몸속에 스스로 감추셨기 때문입니다.

만약 하나님의 영광의 빛이 그대로 임하면 즉각적으로 죄의 어둠이 물러가는 심판의 역사가 일어나게 됩니다. 그런데 하나님은 심판이 아닌 모두가 구원 얻기를 원하고 계십니다. 그래서 예수님은 인간의 몸으로 자신의 빛을 감추셨던 것입니다.

2. 예수님의 빛 되심을 어떻게 알 수 있을까요?

예수님의 이 영광의 빛을 어떻게 알 수 있을까요? "오직 하나님이 성령으로 이것을 우리에게 보이셨으니 성령은 모든 것 곧 하나님의 깊은 것까지도 통달하시느니라"(고전 2:10). 모든 것을 통달하시는 하나님의 영, 곧 성령님을 통하여 알 수 있습니다. 성령의 도움 없이는 아기 예수가 온 세상의 구원자, 생명의 빛으로 오셨다는 사실을 깨달을 수 없습니다.

사도 요한은 본문 14절에서 이렇게 증언하고 있습니다.

"말씀이 육신이 되어 우리 가운데 거하시매 우리가 그의 영광을 보니 아버지의 독생자의 영광이요 은혜와 진리가 충만하더라"

사도 요한은 성령의 도우심으로 말미암아 아기 예수께서 은혜의 빛, 영광의 빛으로 오셨음을 깨달았습니다.

3. 은혜의 빛을 넘어 영광의 빛으로 나아가야 합니다

우리는 이 참된 생명의 빛을 우리 마음에 영접하였습니다.

에베소서 5:8~9에 나타나듯이 우리는 이제 빛의 자녀가 되어 빛의 자녀답게 행해야 합니다. "너희가 전에는 어둠이더니 이제는 주 안에서 빛이라 빛의 자녀들처럼 행하라 빛의 열매는 모든 착함과 의로움과 진실함에 있느니라" 은혜의 빛을 받은 우리는 이제 세상 속에 영광의 빛으로 나아가야 합니다.

다이아몬드가 원석 자체로도 가치가 있으나, 가공이 되면 가치를 더하게 되듯이, 참 빛이 되시는 예수님을 영접한 우리들도 우리의 신앙을 잘 다듬어 이 세상에 영광의 빛을 발해야 하겠습니다.

사랑하는 여러분, 교회는 은혜의 빛뿐만 아니라, 온 세상에 영광의 빛을 발하는 교회가 되어야 합니다.

하나님께서는 아세아와 열방을 축복하며 주님 다시 오실 길을 예비하기 위해 잘 준비된 한국 교회와 한국의 성도들을 놀랍게 들어 쓰실 것입니다. 어둠이 온 세상을 뒤덮는다 하여도 두려워 말고 하나님의 영광의 빛으로 일어나 빛을 발하시기를 바랍니다.

✽ 학습문제

(1) 예수님이 자신의 영광의 빛을 죄인 된 인간의 몸속에 스스로 감추셨던 이유는 무엇입니까?

답 아직은 심판의 때가 아니라, 구원을 원하시는 하나님의 구원의 때이기 때문입니다.

(2) 예수님이 참된 빛이라는 사실을 어떻게 알 수 있나요?

답 성령님이 깨닫게 해 주셔야 알게 됩니다.

✽ 기도

하나님 아버지, 어둠이 짙게 내린 이 시대에 빛으로 오신 주님을 찬양합니다. 우리의 마음과 삶의 자리마다 은혜의 빛으로 임하시고, 모든 믿는 자들이 영광의 빛으로 일어나 주님 오실 길을 예비하는 일들이 일어나게 하옵소서. 예수님의 이름으로 기도드립니다. 아멘

✽ 중보기도

(1) 성탄의 계절에 모든 성도들이 주님의 오심을 더욱 갈망하게 하소서.
(2) 어둠으로 뒤덮인 이 땅에 하나님의 은혜의 빛을 비춰 주소서.

✽ 만남의 준비

마태복음 1:18~23을 읽고, 예수님의 선물 되심에 대해서 생각해 봅시다.

✎ memo

50. 가장 귀한 선물

성경 : 마태복음 1:18~23 (와울요절 21절)
찬송 : 112, 114(112, 114)장
주제 : 생명의 원천이 되는 예수 그리스도는 세상 무엇과도 바꿀 수 없는 가장 귀한 선물이다.

예수 그리스도는 가장 귀한 선물입니다.

성탄절만 되면 우리의 기억 속에 떠오르는 선물이 있습니다.

유치원 선생님이 산타 할아버지가 되어 집으로 찾아오셔서 주고 간 조립용 플라스틱 장난감입니다.

초등학교 때는 동네 형으로부터 물려받은 딱지, 구슬상자 등이 가장 인상적인 선물입니다.

그 후 성인이 되어서는 결혼하여 얻게 된 첫아이가 귀한 선물이 되어 주었습니다.

나이가 들어가고 세월이 지나면서 소중한 선물에 대한 우리의 의식과 기준은 점점 달라집니다.

여러분은 무엇이 가장 소중한 선물이라고 생각하십니까?

우리에게 가장 귀한 선물은 바로 우리에게 새 생명을 주신 예수 그리스도입니다.

오늘 본문은 예수님이 이 땅에 새로운 생명으로, 선물과 같이 오셨음을 말씀하고 있습니다. 그런데 이 아기 예수가 모든 사람들에게 더 특별하고 소중한 이유가 있습니다.

1. 예수는 성령으로 잉태되었습니다

이 아기가 성령으로 잉태되었기 때문에 특별하고 소중합니다. 성경은 기독교 신앙의 출발 자체가 예수님이 성령으로 잉태되었다고 기록하고 있습니다. 즉 출발부터가 신비인 것입니다.

가만히 생각해 보시기 바랍니다. 이 세상에 이성과 논리로 설명 안 되는 신비가 얼마나 많은지요? 생명이 신비이고, 우주가 신비이고, 자연이 신비이고, 사랑이 신비가 아니던가요? 이 신비, 이 아기가 바로 생명을 주는 영(Life-Giving Spirit), 죽은 영혼을 살려 주는 영이기 때문에 특별한 의미의 소중한 선물인 것입니다.

2. 예수는 우리를 죄에서 구원할 자이십니다

예수는 우리를 죄에서 구원할 구원자이시기에 소중한 선물입니다.

본문 21절을 보면 '예수'라는 아기의 이름을 하나님 아버지께서 친히 지정하신 것을 발견하게 됩니다. '예수'라는 이름은 구약의 여호수아와 같은 이름인데, 여호수아를 헬라어로 음역하면 '이예수스' 예수가 됩니다.

이는 '여호와는 구원이시다.', '여호와께서 구원하신다.'는 뜻입니다. 구원이란 모든 악과 모든 고난에서 해방되는 것을 의미합니다.

인생의 모든 문제와 고통의 근원이 되는 죄의 세력을 근본적으로 해결하기 위해서 사람으로 오신 분이 바로 예수님인 것입니다. 그래서 가장 귀한 선물입니다.

3. 예수는 우리와 함께하심의 징표가 되십니다

예수는 하나님이 우리와 함께하심의 징표가 되기 때문에 귀합니다. 본문 23절은 이사야서의 말씀을 인용하고 있는데, 이사야 선지자는 태어날 아기의 별명을 '임마누엘'로 소개하고 있습니다.

하나님이 우리를 내버려 두지 않으시고 함께하신다는 가장 확실한 징표는 바로 사람의 몸을 입고 오신 하나님이신 임마누엘, 아기 예수입니다.

아기 예수님은 우리에게 임마누엘, 우리와 함께하심에 대한 확실한 징표가 됨으로 너무도 소중한 선물인 것입니다.

우리가 먼저 받은 이 예수 생명 선물의 특징은 아무리 나누어도 사라지거나 빼앗기지 않고 더 풍성해진다는 사실입니다.

성탄절을 맞이하여 우리 모두 이 귀한 선물을 나눌 사명을 받은 자라는 사실을 다시 한번 기억할 수 있기를 바랍니다.

✱ 학습문제

(1) 예수님이 귀한 선물이 되는 이유는 무엇인가요?
답 성령으로 잉태되었고, 죄의 문제를 해결해 주셨고, 우리와 함께하시기 때문입니다.

(2) 우리의 삶이 곤고해도 포기하지 말아야 하는 이유는 무엇입니까?
답 예수님이 우리와 함께하시기 때문입니다.

✱ 기도

하나님 아버지, 죄의 문제로 허우적거리는 우리들을 구원하시고자 선물로 우리에게 임하여 주시니 감사를 드립니다. 이 소중한 선물을 누리며, 아직 예수님을 모르는 많은 이들에게 나누는 우리가 되게 하여 주옵소서.

예수님의 이름으로 기도드립니다. 아멘

✱ 중보기도

(1) 이 땅의 교회들이 먼저 받은 믿음의 선물을 마음껏 전하고 나누게 하소서.

(2) 온 열방에 나가 있는 선교사들이 복음 전파의 사역을 잘 감당하게 하소서.

✱ 만남의 준비

마태복음 1:18~25을 읽고, 하나님의 함께하심에 대해서 생각해 봅시다.

✎ memo

51. 임마누엘

> 성경 : 마태복음 1:18~25(외울요절 23절)
> 찬송 : 104, 105(104, 105)장
> 주제 : 이천 년 전 이 땅에 오셔서 우리와 함께하셨던 하나님은 현재도 미래에도 우리와 함께하신다.

이스라엘 백성들은 로마의 압제 아래서 신음하며 하나님이 어디 계시냐고 한탄했습니다.

임마누엘은 하나님이 우리와 함께하신다는 뜻을 가지고 있습니다. 하나님은 인간의 몸을 입고 예수님으로 오셔서 이스라엘 백성과 함께하고 계심을 보여 주셨습니다. 우리도 임마누엘 되시는 하나님을 바라보며 우리의 믿음을 새롭게 할 수 있어야 하겠습니다.

1. 과거 임마누엘 되신 주님을 기억해야 합니다

우리의 과거에 함께하셨던 임마누엘의 주님을 기억해야 합니다. 출애굽기를 보면 이스라엘 백성들은 출애굽 후에 광야 40년 동안 구름기둥과 불기둥, 만나와 메추라기 등 매 순간 이스라엘과 함께하시는 하나님을 경험했습니다.

그리고 이들은 애굽을 탈출하게 하시고, 광야 40년을 인도하셨던 하나님을 기억하기 위해 유월절과 초막절을 제정하여 임마누엘 되신 하나님을 기억하려 했습니다.

올 한 해를 돌아보시기 바랍니다. 우리 역시 임마누엘의 주님께서 여기까지 인도해 오셨음을 기억하시고 임마누엘 되시는 하나님께 감사의 찬송을 드릴 수 있기를 바랍니다.

2. 현재 임마누엘하시는 주님을 믿어야 합니다

주님께서는 보혜사 성령을 보내셔서 우리와 영원토록 함께하실 것을 약속하셨습니다. 현재 우리의 삶에 임마누엘하시는 주님을 믿으시기를 바랍니다. 요한은 주님께서 지금도 성령으로 우리와 함께하고 계심을 증거하고 있습니다. 요한복음 14:16 말씀입니다. "내가 아버지께 구하겠으니 그가 또 다른 보혜사를 너희에게 주사 영원토록 너희와 함께 있게 하리니"

일본의 여류작가 미우라 아야꼬는 13년간의 힘든 투병생활 중 '임마누엘, 아멘'이라는 간단한 기도가 큰 힘이 되었다고 간증했습니다.

"나는 오랜 요양생활 가운데 문득 힘들고 쓸쓸하다고 느껴지면, 곧잘 '임마누엘, 아멘' 하고 기도합니다. 그러면 이상하게도 전능하신 주님께서 제 마음에 평안을 주셨습니다. 또한 부정적이고 힘들게 하는 생각이 마음에 스칠 때에도 '임마누엘, 아멘'이라고 고백하면 새로운 믿음이 생겨남을 느낄 수 있었습니다."

'임마누엘, 아멘'은 '하나님이 나와 함께하십니다. 진실로 그렇습니다.'는 뜻이 됩니다.

현재 우리와 임마누엘하시는 주님을 기억할 때 우리의 영혼에 새로운 힘이 공급되어질 것입니다.

3. 미래에 임마누엘하실 주님을 믿어야 합니다

미래에도 여전히 우리의 삶에 함께하실 임마누엘의 주님을 믿으시기 바랍니다.

아프리카 선교에 헌신했던 리빙스턴 선교사가 옥스포드대학에서 명예박사 학위를 받던 날 학생들에게 설교를 하게 되었습니다.

"사랑하는 학생 여러분, 제가 어떻게 선교사로서의 고독과 고통과 역경을 끝까지 이겨나갈 수 있었을까요? 그 비결은 바로 '세상 끝날까지 너희와 항상 함께 있으리라'는 주님의 약속에 대한 믿음 때문이었습니다. 만일 예수 그리스도께서 저의 곁에서 항상 함께하시겠다고 하신 이 약속을 확신할 수 없었다면 저는 더 이상 버틸 수 없었을 것입니다."

우리는 주님의 약속대로 영원토록 우리와 함께하실 임마누엘의 주님을 믿고 의지함으로 두려워 말고 담대히 미래를 향하여 전진할 수 있어야 하겠습니다.

한 치 앞을 알 수 없는 이 세상이지만, 이천 년 전 우리와 함께하시는 하나님에 대한 확실한 증거로 사람의 몸으로 이 땅에 태어나신 그 주님의 손을 꼭 붙잡고 끝까지 걸어갈 수 있기를 바랍니다.

✽ 학습문제

(1) "하나님이 어디에 계시냐?"고 묻는 자들에게 하나님은 어떻게 하십니까?

답 이천 년 전에도, 현재도, 미래에도 우리와 함께하십니다.

(2) 미우라 아야꼬는 하나님이 안 계시다고 느껴질 때, 이를 어떻게 극복했나요?

답 '임마누엘, 아멘'의 간단한 기도를 반복함으로 하나님의 함께하심을 상기했습니다.

※ 기도

　하나님 아버지, 이천 년 전 이 땅에 인간의 몸을 입고 우리에게 오신 놀라운 하나님의 사랑을 찬양합니다. 과거에도 현재에도 세상 끝날까지 임마누엘이신 주님을 늘 상고하며 살아가는 우리들의 삶이 되게 하여 주옵소서. 예수님의 이름으로 기도드립니다. 아멘

※ 중보기도

　(1) 하나님의 함께하심을 드러냄으로 주의 이름을 높이게 하소서.
　(2) 끝날까지 함께하실 주님을 사모함으로 주님 오실 길을 예비하는 성도들이 되게 하소서.

※ 만남의 준비

　고린도전서 15:50~58을 읽고 주의 일에 더욱 힘쓰는 자들의 삶에 대해 생각해 봅시다.

✎ memo

52. 주의 일에 더욱 힘쓰는 자 되라!

> 성경 : 고린도전서 15:50~58(외울요절 58절)
> 찬송 : 311, 315(185, 512)장
> 주제 : 부활신앙은 성도들의 삶을 더욱 굳건하게 하고 주의 일에 더욱 힘쓰게 한다.

독일의 나치에 저항했던 본회퍼 목사님은 처형당하기 직전에 같은 감옥에 있던 동료 수감자들에게 이런 말을 남겼다고 합니다.

"죽음은 내게 마지막이 아니다. 이제부터 시작이다."

예수를 믿는 자들에게는 죽음이 끝이 아닙니다. 사도 바울은 고린도전서 15장에서 부활에 대하여 자세하게 설명한 후에 결론적으로 58절에서 부활을 믿는 성도들에게 세 가지의 권면을 하고 있습니다.

1. 견실하며 흔들리지 말아야 합니다

부활을 믿는 성도는 그 믿음에 있어 견실하며 흔들리지 말아야 합니다. 고린도교회는 많은 문제를 가진 교회였습니다. 교회 내에 쾌락주의자들과 신비주의자들이 있었고, 결혼, 음식, 예배 등등의 다양한 문제들이 있었습니다.

이와 같은 문제의 원인은 그들에게 부활이 없다는 생각들이 자리 잡고 있는 것이었습니다. 그래서 바울은 부활신앙을 바로 세울 때 이

문제들이 해결될 수 있다고 보았습니다.

2세기의 신학자이면서 변증가였던 순교자 유스티누스는 많은 그리스도인들이 처형당하는 것을 보았습니다. 그는 죽음 앞에서도 굴하지 않는 성도들의 용기와 평안함을 보면서 큰 감동을 받고 예수 그리스도를 믿게 되었습니다.

건물의 안전성은 폭풍이나 지진 등 재해가 일어날 때 제대로 확인할 수 있습니다. 신앙도 마찬가지입니다. 우리에게 진짜 부활신앙이 있다면, 환란과 핍박이 와도 흔들리지 않을 수 있습니다.

2. 주의 일에 더욱 힘써야 합니다

부활을 믿는 성도라면 항상 주의 일에 더욱 힘써야 합니다. 행복의 원천은 주어진 사명을 발견하는 데 있습니다. 칼 힐티는 「잠 못 이루는 밤을 위하여」라는 책에서 "인생에서 가장 행복한 날은 자신에게 주어진 사명을 발견하는 날이다."라고 말했습니다.

사도 바울은 부활하신 예수님을 만난 이후로 복음에 사로잡혀 복음을 전파하는 사명에 자신의 전 생애를 드렸습니다.

자신에게 주어진 사명을 발견하고 헌신하는 사람은 행복자인데, 부활에 대한 믿음은 우리를 주의 일에 대한 사명자로서의 행복한 삶으로 초청합니다.

부활신앙은 우리로 하여금 주의 일에 더욱 힘쓰게 합니다.

3. 가치 있는 삶을 살아야 합니다

부활을 믿는 성도는 우리의 수고가 헛되지 않다는 사실을 분명히 믿고 살아가야 합니다.

부귀영화를 누렸던 솔로몬은 전도서 1:2~3에서 "헛되고 헛되며 헛되고 헛되니 모든 것이 헛되도다 해 아래에서 수고하는 모든 수고가 사람에게 무엇이 유익한가"라고 증거하고 있습니다.

주님은 우리에게 "썩을 양식을 위하여 일하지 말고 영생하도록 있는 양식을 위하여 하라"라고 말씀하셨습니다.

에콰도르의 아우카 부족에게 복음을 전하다가 29세의 젊은 나이에 원주민에게 순교당했던 짐 엘리엇 선교사는 19세 때 그의 일기장에 이런 글을 남겼습니다.

"영원한 것을 얻기 위해 영원하지 않은 것을 버리는 것은 결코 어리석은 것이 아니다."

이 땅에서 주님의 일을 위하여 지불하는 우리의 모든 수고와 헌신은 결코 헛되지 않습니다.

한 해를 마무리하고, 한 해를 새롭게 열어가야 할 이때에 부활신앙을 새롭게 하기를 바랍니다. 부활신앙으로 무장하여 견고하며 흔들림 없이 항상 주의 일에 더욱 힘써야 하겠습니다.

고린도교회 성도들을 향한 바울의 이 권면을 우리에게 주시는 하나님의 말씀으로 받아 새해를 열어갈 수 있기를 바랍니다.

✱ 학습문제

(1) 고린도교회가 내부적으로 문제가 많았던 이유는 무엇입니까?
답 바울이 전했던 부활신앙을 왜곡하고 믿지 않았기 때문입니다.
(2) 부활신앙은 성도들의 삶을 어떻게 변화시키나요?
답 어떤 상황에도 흔들리지 않고, 주의 일에 더욱 힘쓰며, 가치 있는 삶을 살게 합니다.

※ 기도

하나님 아버지, 올 한 해 어떤 상황 속에서도 부활신앙으로 모든 문제들을 극복해 올 수 있게 하심을 감사드립니다. 새로운 한 해에도 부활신앙으로 흔들리지 않으며, 주의 일에 더욱 힘써 행복한 한 해를 살아가게 하여 주옵소서.
예수님의 이름으로 기도드립니다. 아멘

※ 중보기도

(1) 현세에 집착하며 세속화 되어가는 교회와 성도들을 불쌍히 여겨 주시고, 부활신앙으로 새롭게 변화되게 하소서.
(2) 한국 교회와 전 세계 선교지마다 부활신앙으로 부흥하는 역사가 있게 하소서.

※ 만남의 준비

한 해를 돌아보며 지금까지 인도하시고 모든 것을 공급해 주신 하나님께 감사드리고, 새해를 맞기 위한 준비를 합시다.

✎ memo

구역예배서(36)

●

2019년 1월 5일 1판 1쇄 발행

지은이 · 박종순 김창근
옥성석 박노훈
김병삼 박진석

펴낸이 · 김기찬
펴낸곳 **한국문서선교회**
등록 · 1981. 11. 12 NO. 제14-37호
주소 · 서울시 중구 다산로42나길 45-6
구) 서울시 중구 신당 6동 49-20호
이메일 · mission3496@naver.com
☎ 2253-3496 · 2253-3497
FAX. 2253-3498
정가 7,300원

●

잘못된 책은 바꾸어 드립니다.
* 판권 본사 소유 *

ISBN 978-89-8356-286-9-13230

■ 구역원 명부 ■   (구)

번호	성 명	생년월일	나이	직 업	식구수	전화·기타
1						
2						
3						
4						
5						
6						
7						
8						
9						
10						
11						
12						
13						
14						
15						
16						
17						
18						
19						
20						
21						
22						
23						
24						
25						

■ 구역 출석부 ■   (7월~12월)

번호	이름 \ 주 월일	27	28	29	30	31	32	33	34	35	36	37	38
1													
2													
3													
4													
5													
6													
7													
8													
9													
10													
11													
12													
13													
14													
15													
16													
17													
18													
19													
20													
21													
22													
23													
24													
25													
통계란	출석												
	결석												
	헌금												

(개인계)

39	40	41	42	43	44	45	46	47	48	49	50	51	52	53	출석	결석	헌금